DUBAI

& ABU DHABI

LARA DUNSTON & SARAH MONAGHAN

W0095135

DK | Penguin Random House

Highlights

Themen

Inhalt

Stadtteile

Reise-Infos

Die TOP**10**-Listen in diesem Buch sind nicht nach Rängen oder Qualität geordnet. Alle zehn Einträge sind in den Augen des Herausgebers von gleicher Bedeutung.

Umschlag Vorderseite & Buchrücken
Skyline von Downtown Dubai mit dem Burj Khalifa
Titelseite Dubai International Financial Centre bei Sonnenuntergang
Umschlag Rückseite, im Uhrzeigersinn von links oben Bunte Stände eines Souk in Dubai, traditionelles Boot auf dem Dubai Creek, Blick aus der Wüste auf die Skyline von Dubai bei Sonnenuntergang, Küste von Dubai aus der Vogelperspektive

Die Informationen in diesem TOP10-**Reiseführer werden regelmäßig aktualisiert.**

Angaben wie Telefonnummern, Öffnungs-zeiten, Adressen, Preise und Fahrpläne kön-nen sich jedoch ändern. Der Verlag kann für fehlerhafte oder veraltete Angaben nicht haftbar gemacht werden. Für Hinweise, Ver-besserungsvorschläge und Korrekturen ist der Verlag dankbar. Bitte richten Sie Ihr Schreiben an:

Dorling Kindersley Verlag GmbH
Redaktion Reiseführer
Arnulfstraße 124 • 80636 München
reise@dk.com

Willkommen in
Dubai & Abu Dhabi

Dubai und Abu Dhabi zählen zu den spannendsten Städten der Welt. Wolkenkratzer, Luxusresorts und schicke Shoppingmalls sorgen für einzigartiges Flair. Mit diesem Reiseführer können Sie beide Städte prima erkunden. Gehen Sie auf Entdeckungstour und tauchen Sie in die Kultur und das Leben ein.

Futuristische Bauten gigantischen Ausmaßes prägen das moderne Dubai und Abu Dhabi. Dubai verfügt mit dem Luxushotel **Burj Al Arab** über ein weltweit bekanntes Wahrzeichen und mit dem **Burj Khalifa** über das (noch) höchste Gebäude der Welt. Auch Abu Dhabi besitzt mit dem **Emirates Palace** und der **Scheich-Zayid-Moschee** äußerst imposante Bauwerke. Der 2017 eröffnete **Louvre Abu Dhabi** zählt zu den weiteren glanzvollen Attraktionen der Stadt.

Vor allem in Dubai kann man neben modernen Wolkenkratzern auch historische Sehenswürdigkeiten bewundern. Ein Spaziergang durch die **Souks** in Deira und das Viertel **Bur Dubai** mit den alten Windtürmen bezaubert. Eine Fahrt auf dem **Dubai Creek** ist für viele ein Höhepunkt ihres Aufenthalts in der Stadt. Außerhalb von Dubai und Abu Dhabi erstreckt sich eine eindrucksvolle Wüstenlandschaft, die man bei einer Nachmittagstour erkunden kann.

Ob Sie eine Woche oder ein Wochenende planen: Der TOP**10** *Dubai & Abu Dhabi* präsentiert Ihnen das Beste beider Städte – von den traditionellen Läden in **Deira** bis zu den modernen Bauwerken in der **Dubai Marina** und auf **Al Maryah**. Hinzu kommen nützliche Tipps, wie man Dubai und Abu Dhabi zum Nulltarif genießt oder Besucherströme meidet, sowie übersichtliche Routenvorschläge, die Sie in kurzer Zeit zu möglichst vielen Attraktionen führen. Schöne Fotos und detaillierte Karten komplettieren den handlichen und unverzichtbaren Reisebegleiter. **Viel Spaß mit dem Buch und viel Spaß in Dubai und Abu Dhabi.**

Im Uhrzeigersinn von oben: **Dubai Marina bei Nacht**, **Burj Al Arab Jumeirah**, *dhow* vor dem **Dubai Museum**, **Säulengang vor der Scheich-Zayid-Moschee**, **arabische Pantoffeln**, **Anantara Qasr Al Sarab Desert Resort** nahe der Liwa-Oase, **Palm Jumeirah**

Dubai & Abu Dhabi entdecken

Die beiden weitläufigen Städte lassen sich schlecht zu Fuß erkunden, doch Dubai verfügt über ein sehr gutes Metro-System und in Abu Dhabi stehen preiswerte Taxis zur Verfügung. Für Besucher gibt es reichlich zu unternehmen. Hier finden Sie Vorschläge für eine zwei- und eine siebentägige Tour durch Dubai und Abu Dhabi.

Zwei Tage in Dubai

Tag ❶
Vormittags
Bummeln Sie nach dem Besuch des **Dubai Museum** *(siehe S. 14f)* durch **Al Fahidi** *(siehe S. 18f)*, fahren Sie mit einem *abra* über den **Dubai Creek** *(siehe S. 16f)* und erkunden Sie die lebhaften **Souks** in Deira *(siehe S. 26f)*.
Nachmittags
Kehren Sie im **Burj Al Arab** *(siehe S. 24f)* zum Tee ein. Für den Abend empfiehlt sich ein Aufenthalt in **Madinat Jumeirah** *(siehe S. 79)*.

Tag ❷
Vormittags
Genießen Sie von einer der Aussichtsplattformen des **Burj Khalifa** *(siehe S. 12f)* den

herrlichen Blick auf die Stadt. Anschließend lockt die **Dubai Mall** *(siehe S. 73)* mit eleganten Läden und großem Unterhaltungsangebot.
Nachmittags
Eine **Wüstentour** *(siehe S. 32f)* beinhaltet vielfältige Attraktionen – vom aufregenden Dune Bashing bis zu traditionellen Bauchtanzvorführungen und Beduinenfesten.

Sieben Tage in Dubai & Abu Dhabi

Tag ❶
Erkunden Sie nach dem Besuch des **Dubai Museum** *(siehe S. 14f)* die historischen Viertel **Al Fahidi** *(siehe S. 18f)* und **Al Shindagha** *(siehe S. 16)*. Unternehmen Sie nachmittags eine **Wüstentour** *(siehe S. 32f)*.

Die Dubai Mall beherbergt unzählige Läden, Restaurants, Cafés und Attraktionen.

Die Scheich-Zayid-Moschee bietet ein atemberaubendes Bild: Ihre Fassade ist gänzlich aus weißem Marmor.

Legende
— Zwei-Tages-Tour
— Sieben-Tages-Tour

Tag ❷

Nach Besichtigung der **Jumeirah-Moschee** *(siehe S. 20f)* geht es mit Metro oder Taxi die von Wolkenkratzern gesäumte **Sheikh Zayed Road** *(siehe S. 70–73)* entlang zu **Dubai Mall** *(siehe S. 73)* und **Souk Al Bahar** *(siehe S. 72)*. Bewundern Sie am **Dubai Fountain** *(siehe S. 71)* die Wasserspiele und vom **Burj Khalifa** *(siehe S. 72f)* aus den Sonnenuntergang.

Tag ❸

Für einen schönen Tagesausflug locken **Sharjah** *(siehe S. 54)* mit traditionellen Häusern und exzellenten Museen und **Al Ain** *(siehe S. 54)* mit Festungen und Oasen.

Tag ❹

Fahren Sie nach **Abu Dhabi** *(siehe S. 90–101)*, erkunden Sie die Sehenswürdigkeiten im Stadtzentrum *(siehe S. 90–93)* und die **Corniche**. Genießen Sie im **Emirates Palace** *(siehe S. 30f)* Nachmittagstee oder Abendessen.

Tag ❺

Bevor es zurück nach Dubai geht, besuchen Sie noch die **Scheich-Zayid-Moschee** *(siehe S. 28f)* und den **Louvre Abu Dhabi** *(siehe S. 97)*.

Bei Wüstentouren lässt sich die Landschaft auf verschiedenste Weise erleben.

Tag ❻

Schlendern Sie durch die Gassen der **Souks** *(siehe S. 26f)* in Deira. Nach einem Bummel durch die **Wafi Mall** *(siehe S. 68)* können Sie den Tag bei Drinks oder einem Essen im **Raffles Dubai** *(siehe S. 112)* beschließen.

Tag ❼

Besuchen Sie die **Ibn Battuta Mall** *(siehe S. 83)* und erkunden Sie den Hafen von **Dubai Marina** *(siehe S. 83)*. Kehren Sie im **Burj Al Arab** *(siehe S. 24f)* zum Tee ein, bevor Sie durchs faszinierende **Madinat Jumeirah** *(siehe S. 79)* spazieren.

Highlights

Säulengang, Scheich-Zayid-Moschee,
Abu Dhabi

TOP10 Highlights

Die beiden Städte vereinen Orient und Okzident: Arabische Kultur, Traditionen der Beduinen und islamische Architektur existieren neben luxuriösen Läden, Restaurants und Hotels. Dubai wird vom Dubai Creek und weißen Stränden geprägt, in Abu Dhabi lockt die herrliche Corniche.

Dubai Museum **2**
In einer Festung aus dem 18. Jahrhundert bieten faszinierende Exponate interessante Einblicke in die Stadtgeschichte *(siehe S. 14f)*.

1 Burj Khalifa
Noch ist dieses Wahrzeichen des modernen Dubai das höchste Gebäude der Welt *(siehe S. 12f)*.

3 Dubai Creek
Auf dem Dubai Creek verkehren täglich nicht nur unzählige Wassertaxis, sondern auch noch viele traditionelle Segelschiffe *(siehe S. 16f)*.

4 Al Fahidi
In dem ursprünglich Bastakiya genannten Viertel ließen sich im 20. Jahrhundert persische Händler nieder und erbauten sich Häuser aus Korallengestein und Gips *(siehe S. 18f)*.

Jumeirah-Moschee **5**
Dubais schönste Moschee ist als einzige auch Nichtmuslimen zugänglich. Bei Führungen erfahren Besucher sehr viel Wissenswertes über den Islam *(siehe S. 20f)*.

Burj Al Arab

6 Das Sieben-Sterne-Hotel ist eines der bekanntesten Wahrzeichen von Dubai. Es steht auf einer eigens errichteten künstlichen Insel *(siehe S. 24f)*.

Souks

7 Auf den traditionellen arabischen Märkten kann man nach Herzenslust um Gold, Gewürze, Parfum, Textilien und andere Waren feilschen *(siehe S. 26f)*.

Scheich-Zayid-Moschee

8 Vier Minarette und über 100 Kuppeln zieren die riesige Moschee in Abu Dhabi. Die Gebetshalle ist besonders prächtig *(siehe S. 28f)*.

Emirates Palace

9 Das Palasthotel in Abu Dhabi ist nicht nur wegen des überreichen Golddekors und der schweren Kronleuchter voller Swarovski-Kristalle wahrlich atemberaubend *(siehe S. 30f)*.

Wüstentouren

10 Ein Besuch der Vereinigten Arabischen Emirate ist ohne Safari oder eine Tour zu einem Wüstenresort fast undenkbar *(siehe S. 32f)*.

★ Burj Khalifa

TOP 10

Das 2010 fertiggestellte Gebäude ist mit 828 Metern das höchste der Welt (jedenfalls solange der Jeddah Tower in Saudi-Arabien noch nicht steht). Der nadelförmige Wolkenkratzer ist noch aus 100 Kilometern Entfernung zu erkennen. Die gewaltige Höhe des als Herzstück der milliardenschweren Entwicklung von Dubais Innenstadt geplanten Turms war die Idee von Herrscher Mohammed bin Rashid Al Maktoum – und so entstand das imposante Wahrzeichen des Emirats.

1 Armani Hotel
Die unteren Etagen des Burj Khalifa nimmt das erste von Giorgio Armani gestaltete Hotel der Welt ein. Das Interieur zeigt den typischen minimalistischen Stil des Designers *(unten)*. Die Bars und Restaurants stehen auch Gästen offen, die nicht im Hotel wohnen.

Der Burj Khalifa überragt Downtown Dubai

2 Ausstellung
Im Foyer und in den Zugängen zu den Aussichtsplattformen illustrieren Tafeln die Entstehungsgeschichte des Burj Khalifa und zeigen die beim Bau federführenden Persönlichkeiten. Der Wolkenkratzer ist auf den Bildern in den verschiedensten Bauphasen zu sehen.

3 See
Von den beiden Aussichtsplattformen sieht man kilometerweit in die Ferne, doch noch interessanter ist der Blick nach unten auf Downtown Dubai: Die Gebäude erscheinen winzig klein und gruppieren sich malerisch um den See, aus dem der Burj Khalifa aufragt.

Infobox

Karte C6 ▪ 1 Mohammed bin Rashid Boulevard, Downtown Dubai ▪ +971 4 888 8888 ▪ www.burjkhalifa.ae

▪ Aussichtsdecks: tägl. 8.30 – 22 Uhr; Eintritt (je nach Uhrzeit) 159 – 234 AED (125. Stock) / 389 – 543 AED (125. & 148. Stock), unter 4 Jahren frei

Armani Hotel: +971 4 888 3888 ▪ www.armanihotel dubai.com

The Address Downtown: +971 4 436 8888 ▪ www. addresshotels.com

▪ Die Aussichtsdecks im 125. und im 148. Stock erreicht man über die Dubai Mall *(siehe S. 73)*. Tickets für das untere Deck sind online etwas preiswerter, Kombitickets für beide Plattformen muss man online buchen. Zum Sonnenuntergang hin steigen die Eintrittspreise.

▪ Am Abend kann man hier die zur Musik sorgsam choreografierten Wasserspiele des Dubai Fountain genießen *(siehe S. 71)*.

Souk Al Bahar & »Altstadt« ④

Am südlichen Seeufer liegen der Souk Al Bahar *(siehe S. 72)* und die »Altstadt« von Dubai, deren erdfarbene und niedrige Gebäude arabischen Stils *(rechts)* in recht deutlichem Kontrast zu den modernen Wolkenkratzern der Umgebung stehen.

The Address Downtown ⑤

Der im Südosten des Burj Khalifa emporragende Hotelturm mit dem ellipsenförmigen Grundriss *(unten)* sorgte am 31. Dezember 2015 für Schlagzeilen, als in dem Gebäude ein Brand ausbrach. Glücklicherweise gab es keine Toten oder Schwerverletzten. Das Hotel wurde 2018 wiedereröffnet.

Dubai Opera ⑥

Das Opernhaus am Fuß des Burj Khalifa zählt zu Dubais besten Bühnen und lockt mit Theater- und Musikaufführungen von Weltrang. Auch Ausstellungen und Konferenzen finden hier statt.

Sheikh Zayed Road ⑦

Den Blick von den Aussichtsplattformen des Burj Khalifa nach Norden dominieren die vielen Wolkenkratzer, die die Sheikh Zayed Road säumen. Angesichts der immensen Höhe des Turms wirken sie jedoch beinahe winzig.

Jumeirah ⑧

Beim Blick vom Turm nach Westen sieht man den von schicken weißen Villen geprägten Stadtteil Jumeirah *(siehe S. 76–81)*. Strand und Meer scheinen zum Greifen nah.

Burj Al Arab ⑨

Im Süden von Jumeirah ragt das Hotel Burj Al Arab eindrucksvoll empor *(siehe S. 24f.)*. Trotz der Entfernung von gut zehn Kilometern ist der Turm vom Burj Khalifa aus problemlos zu sehen. Hinter dem Burj Al Arab sind die Umrisse von Palm Jumeirah und die Silhouetten der Wolkenkratzer am Yachthafen zu erkennen.

At.mosphere ⑩

Das Bar-Restaurant im 122. Stock des Burj Khalifa, das höchste (442 m) der Welt, bietet exquisite Küche und tolle Cocktails *(siehe S. 75)*.

Zahlen & Fakten

1 Der Burj Khalifa hat 163 Stockwerke.

2 Im 158. Stock liegt die höchste Moschee der Welt.

3 Die Aufzüge erreichen Geschwindigkeiten von zehn Metern/Sekunde.

4 Mehr als 12 000 Leute waren am Bau beteiligt.

5 Ein Flugzeug aus dem Zweiten Weltkrieg diente zum Windtest.

6 Alle Fenster zu putzen, dauert drei Monate.

7 Die Aluminiumfassade wiegt so viel wie fünf Airbusse A380.

8 Die Spitze besteht aus über 4000 Tonnen Stahl.

9 Für den Brandschutz gibt es alle 25 Stockwerke ein Wasserreservoir.

10 Der Turm trägt den Namen des zweiten Präsidenten der VAE.

TOP10 ★ Dubai Museum

Das klug gestaltete Museum illustriert vergangene und noch bestehende Traditionen. Es liegt nahe dem historischen Viertel Al Fahidi in und unter der gleichnamigen Festung, einem der ältesten Bauten der Stadt. Die Ausstellungen dokumentieren den innerhalb von nur fünf Jahrzehnten rasant vollzogenen Aufstieg Dubais von einer kleinen Wüstensiedlung zum wirtschaftlichen und touristischen Zentrum der arabischen Welt.

1 Archäologische Funde

Das Museum birgt viele gut erhaltene Funde aus Grabstätten von 3000 v. Chr., darunter Kupfer- und Alabasterobjekte wie auch Keramiken *(oben)*.

2 Die Wüste bei Nacht

Die Abteilung erläutert, wie Tiere in der arabischen Wüste trotz extremer Hitze sowie Wasser- und Nahrungsmangel überleben können.

3 Multimediapräsentation

Die zehnminütige Filmvorführung erläutert anhand von Archivaufnahmen die Entwicklung des modernen Dubai ab 1960. Besucher erleben eine Zeitreise durch fünf Jahrzehnte, in denen sich die Stadt Dubai radikal veränderte.

4 Die alten Souks von Dubai

Holografietechnik, Filmmaterial und Wachsfiguren *(unten)*, kombiniert mit Düften und Klängen, zeigen Besuchern einen Souk, wie er vor rund 50 Jahren typisch war.

5 Al-Fahidi-Festung

Die Festung mit Wachturm wurde 1787 zum Schutz der Emiratis vor Invasoren erbaut. Heute dient sie als Stadtmuseum *(siehe S. 19)*.

Beduinenkultur

Das arabische Wort *bedu*, von dem sich der Begriff Beduinen ableitet, heißt »Wüstenbewohner«. Die Beduinen zogen einst mit ihren Kamelen von Oase zu Oase und betrieben ein wenig Landbau. Ihre vom harten Wüstenleben geprägte Kultur ist sowohl für strengen Ehrenkodex als auch für große Gastlichkeit bekannt.

Barasti-Windturmhaus ⑥

Im Hof der Al-Fahidi-Festung steht ein aus *barasti* (Dattelpalmwedeln) errichtetes Haus mit einem kühlenden Windturm *(rechts)*. Bauten wie diese waren in der Region bis in die 1950er Jahre hinein häufig anzutreffen.

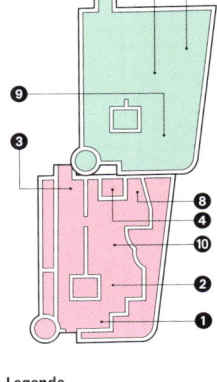

Legende
- Erdgeschoss
- Untergeschoss

⑦ *Dhow*

Zur Navigation eines solchen traditionellen Holzboots *(oben)* diente Seefahrern das *kamal* – ein Gerät, das den Breitengrad anhand der Stellung des Polarsterns ermittelt.

⑩ Perlentaucher

Die interessante Ausstellung illustriert die von Perlentauchern angewendeten Techniken. Nasenklammern ermöglichten es diesen, in unglaubliche Tiefen vorzudringen.

⑧ Islamschule

In dem Nachbau einer Schule aus den 1950er Jahren rezitieren junge Emiratis unter den Augen ihres Lehrers Koransuren.

Traditionen der Beduinen ⑨

Die Ausstellung präsentiert Kleidung, Schmuck, Waffen *(rechts)* und Werkzeuge von Beduinen.

Infobox

Karte K2 ∎ Al-Fahidi-Festung, Al Fahidi Street ∎ +971 800 33222 ∎ www.dubaiculture.gov.ae

∎ Das Museum wird derzeit renoviert und ist bis auf Weiteres für die Öffentlichkeit geschlossen.

∎ Der Souvenirladen führt sehr schöne, von Beduinen handgefertigte Produkte.

∎ Das Arabian Tea House hat traditionelles Flair zu bieten *(siehe S. 69)*.

⭐ Dubai Creek

Der 14 Kilometer lange Meeresarm wird vom Persischen Golf gespeist. Der Kontrast zwischen traditionellen *dhows*, die am Kai entladen werden, und der modernen Kulisse aus Bauten wie Emirates National Bank of Dubai und Etisalat Building ist faszinierend. An den Ufern des Creek liegen Deira im Norden und Bur Dubai im Süden. Uferspaziergänge sind eine tolle Möglichkeit, die Stadt zu erkunden. Für die Überquerung bieten sich Al-Maktoum-, Al-Garhoud- und eine Pontonbrücke an, schöner ist allerdings eine Überfahrt mit dem *abra*.

② Bur Dubai
Von Deira aus hat man einen herrlichen Blick auf den Diwan und die historische Architektur des »alten Dubai«: Man sieht Windtürme, Minarette und die Kuppeln der Großen Moschee.

③ Al Shindagha
Im historischen Viertel Al Shindagha unweit der Creek-Mündung zeigen sich das Heritage Village und das Diving Village *(siehe S. 66)* im typisch arabischen Stil. Das Sheikh Saeed Al Maktoum House *(siehe S. 67)* dient dort heute als Museum.

① Diwan
Den Gerichtshof und Amtssitz der höchsten Beamten *(oben)* zieren moderne Windtürme und äußerst imposante schmiedeeiserne Tore *(siehe S. 65)*.

Infobox
Karte K1–K6

Creek Park: +971 4 336 7633 ■ tägl. 8–22 Uhr (Do– Sa bis 23 Uhr) ■ Eintritt 5 AED ■ www.dm.gov.ae

Abra-Fähre: tägl. 5–24 Uhr ■ Fahrpreis 1 AED

Creek-Rundfahrten:
■ Dhow Cruise Creek: Deira Creek, Baniyas Road, vor dem Radisson Blu Hotel; +971 52 661 8314; www. dhowcruisecreek.com

■ Tour Dubai: +971 4 336 8407; www.tour-dubai.com
■ Adventure Planet Tourism: +971 4 294 9979; www.dubaidesertsafaris. com

Al Seef: +971 4 371 3999; tägl. 10–22 Uhr (Fr–So bis 23 Uhr) ■ www.alseef.ae

■ Abends bieten die beleuchteten *dhows* auf dem Creek ein reizvolles Bild.

■ Am Textil-Souk in Bur Dubai *(siehe S. 27)* sind u. a. frische Säfte zu haben.

④ Creek Park
Der Park erstreckt sich weit am Ufer des Dubai Creek. Bei einem Spaziergang oder während der halbstündigen Seilbahnfahrt über die ganze Länge der Grünanlage genießt man herrlichen Ausblick.

⑦ Emirates National Bank of Dubai

Die geschwungene Fassade des imposanten Wolkenkratzers *(links)* – einer der ersten, die in Dubai gebaut wurden – erinnert an das Segel einer *dhow (siehe S. 59).*

⑨ Creek-Rundfahrten

Mehrere Unternehmen bieten Dinnerfahrten auf dem Creek in traditionellen *dhows* an – oft mit Livemusik und Bauchtanzvorführungen. Auf den modernen Schiffen von Bateaux Dubai ist das Ambiente besonders luxuriös.

⑤ Dubai Creek Golf Club

Das zentrale Gebäude des Dubai Creek Golf Club *(oben)* präsentiert eine besonders eindrucksvolle Architektur: Die gläserne Fassade wird von drei weißen »Segeln« umrahmt *(siehe S. 60).*

⑥ Dhow-Werft

Entlang der Baniyas Road liegen viele bunte *dhows* vor Anker *(unten).* Hier legen auch Schiffe aus dem Rest der Vereinigten Arabischen Emirate, dem Iran und dem Oman an.

⑧ Abra-Fahrten

Die offenen Wassertaxis mit dem flachen Rumpf transportieren täglich bis zu 40 000 Passagiere, die dabei die Aussicht genießen und sich die Luft um die Nase wehen lassen.

Geschichte des Dubai Creek

Das ehemalige Fischerdorf an der Mündung des Creek – im 16. Jahrhundert trug es den Namen Dibei – verdankt seine Existenz dem 14 Kilometer langen Meeresarm. Dieser bildete hier einen natürlichen Hafen, der bald zum betriebsamen Umschlag- und Handelsplatz wurde.

⑩ Al Seef

Das Areal am Ufer des Creek – einst Heimat von Perlentauchern, Webern und Händlern – vereint emiratisches Erbe mit modernem Design. Hier locken Läden, Cafés, Hafenrestaurants und ein reizvoller Kulturmix.

TOP 10 ★ Al Fahidi

Das ursprünglich Bastakiya genannte historische Viertel wurde wunderschön restauriert. Die traditionellen Bauten stehen in faszinierendem Kontrast zur modernen Architektur Dubais. Das Labyrinth enger Gassen säumen traditionelle Windturmhäuser aus Sandstein, Korallengestein und Gips mit eleganten Innenhöfen. Die arabischen Fenster der Häuser sind mit Stuck und Ziergittern versehen. Für zusätzlichen Reiz sorgen eine Reihe von Kunstgalerien und Museen sowie mehrere Cafés.

1 Traditionelle Architektur
Windturmhäuser verfügen über ein ausgeklügeltes Kühlungssystem. Typisch sind die dicken Mauern und die schmalen Fenster mit kunstvollen arabischen Ornamenten.

2 The Majlis Gallery
Majlis bedeutet so viel wie Treffpunkt. Die Galerie mit zentralem Garten ist einem umgestalteten arabischen Haus angegliedert. Neben den Werken einheimischer und in Dubai ansässiger internationaler Künstler werden traditionelle Tonwaren und Schmuck verkauft *(siehe S. 38)*.

3 Münzmuseum
Das Museum zeigt arabische Münzen *(links)* aus allen Epochen. Rund 500 Exponate stammen aus der Zeit der Ummayaden und der Osmanen. Touchscreens liefern interessante historische Fakten.

4 Sheikh Mohammed Centre for Cultural Understanding
Das innovative Zentrum gibt Besuchern Einblick in die Kultur des Emirats Dubai. Zum Angebot gehören geführte Touren durch Al Fahidi *(siehe S. 55)*, aber auch die Teilnahme an einem traditionellen Frühstück oder Mittagessen.

5 Kaffeemuseum
Das dem Lieblingsgetränk der Emiratis gewidmete Museum zeigt Utensilien wie alte Kaffeemühlen, Kannen und Dosen *(oben)*, außerdem kann man hier echt arabischen Kaffee kosten.

6 Stadtmauer
Restaurierungsarbeiten an der 200 Jahre alten Stadtmauer *(links)* brachten zum Vorschein, welche Bedeutung dieser Teil der Altstadt als Verteidigungsgürtel hatte.

(7) Bastakiah Nights

Das Restaurant mit schönem arabischen Flair und orientalischer Küche entfaltet nach Sonnenuntergang besonderen Reiz. Das sorgsam restaurierte, traditionell eingerichtete Haus mit dem hübschen Innenhof *(links)* bietet auch eine Dachterrasse.

Infobox

Karte K2

Münzmuseum:
Al Shindagha ■ +971 4 353 9265 ■ So – Do 8 – 14 Uhr ■ Eintritt frei ■ dubaiculture.gov.ae

Sheikh Mohammed Centre for Cultural Understanding:
Al Mussallah Road ■ +971 4 353 6666 ■ So – Do 9 – 17 Uhr, Sa 9 – 13 Uhr ■ www.cultures.ae

Kaffeemuseum:
Villa 44 ■ +971 4 353 8777 ■ Sa – Do 9 – 17 Uhr ■ www.coffeemuseum.ae

Bastakiah Nights:
Al Fahidi Street ■ +971 4 353 7772 ■ tägl. 11 – 23 Uhr

■ Am Nachmittag sorgt goldenes Sonnenlicht für besonders schöne Atmosphäre in Al Fahidi.

■ Mittags sind im Arabian Tea House hervorragende leichte Gerichte, Suppen und Salate zu haben.

Windtürme

Anfang des 20. Jahrhunderts waren Windtürme *(barjeel)* ein typisches architektonisches Element arabischer Häuser. Mit natürlicher Ventilation sorgen sie für eine angenehme Raumtemperatur: Luftschächte an jeder der vier offenen Seiten lassen warme Luft heraus- und kühlere Luft nachströmen. Das Benetzen des Bodens unter dem Turm mit Wasser sorgt für zusätzliche Kühlung.

(8) Al-Fahidi-Festung

Die Festungsmauern wurden aus Muschelkalk erbaut. Das im Fort ansässige Dubai Museum *(siehe S. 14f)* illustriert die Kultur und die Geschichte des Emirats.

XVA Art Hotel (9)

Das traditionelle Gebäude *(rechts)* birgt ein Boutiquehotel *(siehe S. 115)*, ein Café und eine Galerie, die Kunstwerke von heute präsentiert *(siehe S. 39)*.

(10) Arabian Tea House

Im Innenhof eines für Al Fahidi typischen Hauses kann man inmitten von Bougainvilleen Tee, Erfrischungen und Snacks genießen *(siehe S. 69)*.

TOP10 ★ Jumeirah-Moschee

Dubais Kultur ist im Islam verwurzelt. Jedes Stadtviertel hat seine eigene Moschee – die Jumeirah-Moschee ist fraglos die schönste. Das 1998 errichtete Gotteshaus ist ein großartiges Beispiel moderner islamischer Architektur. Eindrucksvoll zeichnet sich das Bauwerk aus hellem Stein vor dem blauen Himmel ab, besonders schön ist es in nächtlicher Beleuchtung. Die Moschee besitzt zwei prächtig verzierte Minarette und eine majestätische Kuppel. Sie gilt als Wahrzeichen der Stadt und dient als wichtiges religiöses Zentrum.

1 Hadsch
Jeder Muslim, der dazu imstande ist, soll einmal im Leben nach Mekka pilgern. Millionen Muslime aus aller Welt suchen den Ort in Saudi-Arabien auf, um Vergebung für ihre Sünden zu erhalten und die Herrlichkeit Allahs zu feiern *(unten)*.

3 Architektur
Die Jumeirah-Moschee ist vom anatolischen Stil geprägt. Sie verfügt über eine große Hauptkuppel. Das Äußere zieren kunstvolle Steinreliefs mit geometrischen Mustern *(rechts)*.

2 Ramadan
Während des islamischen Fastenmonats Ramadan dürfen Muslime von Sonnenaufgang bis Sonnenuntergang nicht essen, trinken oder rauchen. Die Zeit gilt der Läuterung und der Hinwendung zu Allah.

Infobox
Karte E4 ■ Jumeirah Road, Jumeirah ■ +971 4 353 6666 ■ www.jumeirah mosque.ae

■ »Open Doors, Open Minds«: Sa – Do 10 Uhr & 14 Uhr; 35 AED

┈┈┈┈┈┈┈┈┈┈

■ Die etwa 75-minütigen Führungen durch die Moschee erfordern keine Reservierung. Sie sollen Besuchern den muslimischen Glauben nahebringen und für besseres Verständnis sorgen. Sogar Fotografieren ist erlaubt. Teilnehmer werden mit Mineralwasser, Tee, Kaffee und traditionellem Gebäck versorgt.

■ Im nahen Lime Tree Café *(siehe S. 81)* kann man Sandwiches, Kaffee und Kuchen genießen, aber auch zu den Lokalen im Strandviertel La Mer ist es nicht weit.

5 Gebete
Der *adhan* (Gebetsruf) erschallt fünfmal täglich – er weist die Muslime an, zu Allah zu beten, wobei sie auf der *musalla*, dem traditionellen Gebetsteppich, knien *(oben)*.

6 Fünf Säulen des Islam
Die wichtigsten Pflichten im Islam sind: *Shahadah* (der Glaube an den einzigen Gott), *Salat* (die täglichen fünf Gebete), *Zakat* (Mildtätigkeit), *Siyam* (die Reinigung) und *Haj* (die Pilgerfahrt) nach Mekka.

9 Mihrab
Die Gebetsnische einer Moschee weist immer gen Mekka und zeigt damit die *qibla* an – die Richtung, in die sich Muslime bei ihrem Gebet zu wenden haben. Der *mihrab* der Jumeirah-Moschee *(unten)* gleicht einem Tor nach Mekka.

4 »Open Doors, Open Minds«
Die Jumeirah-Moschee ist die einzige Moschee Dubais, die auch Nichtmuslimen zugänglich ist. Die vom Sheikh Mohammed Centre for Cultural Understanding *(siehe S. 18)* veranstalteten Führungen bieten nicht nur Gelegenheit, die filigrane Innendekoration der Moschee zu bewundern, sie liefern auch Einblicke in den Islam.

7 Minarette
Diese Moschee krönen zwei Minarette. Die Höhe eines solchen Turms – höchster Punkt des »Hauses Allahs« – ist davon abhängig, wie weit man den Gebetsruf hören soll.

8 Minbar
Das *minbar* ist die Kanzel, von der aus der *Imam* (Gebetsführer) die *khutba* (Freitagspredigt) hält.

10 Verhaltensregeln
In Moscheen gilt eine strenge Kleiderordnung. Für Frauen und Männer sind kurze Hosen und ärmellose Shirts verboten, Frauen müssen ein Kopftuch tragen. Vor dem Betreten der Moschee müssen Besucher ihre Schuhe ausziehen.

Folgende Doppelseite Interieur der Scheich-Zayid-Moschee

TOP 10 ★ Burj Al Arab

Das exklusive Hotel Burj Al Arab (»Arabischer Turm«) gilt international als Symbol des modernen Dubai und bietet ausschließlich Suiten. Mit 321 Metern zählt es zu den höchsten Hotels der Welt. Auf Höhe der 28. Etage gibt es einen Hubschrauberlandeplatz und ein Restaurant, das in der Luft zu schweben scheint. Das Burj Al Arab liegt auf einer künstlichen Insel im türkisfarbenen Wasser des Golfs. Tagsüber erstrahlt es in Weiß, nachts in Regenbogenfarben – dann dient die Fassade als Leinwand für spektakuläre Lichtinstallationen.

Infobox

Karte C1 ▪ Jumeirah Road, Jumeirah ▪ +971 4 301 7777 ▪ www.jumeirah.com

Al Mahara: Di – So 19 – 22 Uhr

Skyview Bar: tägl. 19 – 1 Uhr & Nachmittagstee

▪ Wer sich das Hotel von innen ansehen möchte, muss für Nachmittagstee, Cocktails oder ein Essen reserviert haben (+971 4 301 7600; baarestaurants @jumeirah.com). Neben Drinks in der Bar Gilt (tägl. 18 – 1 Uhr; Fr, Sa bis 2 Uhr) zählt ein Besuch des zwangloseren Restaurants Bab Al Yam (7 – 11.30, 12 – 14.30 & 18.30 – 21.30 Uhr) zu den erschwinglichsten Optionen. Für den Abend gilt fast überall der Dresscode »stilvoll elegant«.

1 Talise Spa
In der Wellnessoase im 18. Stock kann man bei herrlichem Meerblick entspannen. Besonders schöne Aussicht bieten die Infinity Pools. Die Einrichtung des Spas erinnert an die antiken Bäder orientalischer Hochkulturen.

2 Fassade
Über die dem Meer zugewandte Fassade des Burj Al Arab ist ein lichtdurchlässiges Gewebe aus mit Teflon beschichteter Glasfaser gespannt. Eine solche Technik wurde erstmals an diesem Gebäude eingesetzt.

3 Skyview Bar
Die schicke Dachbar des Hauses bietet atemberaubenden Blick auf die Küste. Ein flinker Panoramalift bringt die Gäste nach oben – z. B. für einen Cocktail bei Sonnenuntergang.

4 Lobby
Die obere Lobby – ein heller Raum mit viel Marmor, bunten Mosaiken und handgeknüpften Teppichen mit Spiralmustern – birgt einen vielfarbigen Springbrunnen.

5 Atrium
Die riesigen goldenen Säulen und die zahlreichen Etagen, die sich über der Lobby erheben, machen das Atrium zu einer Sensation *(oben)*.

⑩ Hubschrauber-landeplatz

Die Plattform *(unten)*, die in schwindelnder Höhe aus dem Gebäude ragt, kennt man aus diversen Werbespots – sie ist auch für Trauungen beliebt. Roger Federer und Andre Agassi lieferten sich hier schon ein Tennismatch.

⑥ Suiten

Die 202 Doppelsuiten *(oben)* des Hauses sind nicht nur mit modernster Technik ausgestattet, Gäste werden auch von einem eigenen Butler betreut. In den zwei Royal-Suiten genießt man den Luxus eines eigenen Kinos.

⑦ Aquarien

Die beiden Aquarien in der Lobby sind so groß, dass man für die Reinigung Taucher benötigt.

⑧ Al Mahara

Das Restaurant im Erdgeschoss des Burj Al Arab ist überaus vornehm, aber dennoch behaglich. Die Tische gruppieren sich um ein raumhohes rundes Aquarium. Für die exquisiten Seafood-Gerichte sorgt u. a. der namhafte Küchenchef Andrea Migliaccio.

⑨ Architektur & Inspiration

Das vom Wind geblähte Segel einer *dhow* inspirierte die Gestalt des Hotels *(unten)*, zu dem man per Rolls-Royce über den Damm oder mit einem Hubschrauber gelangt.

Der Bau

Das Burj Al Arab gilt als eines der teuersten Gebäude, die je errichtet wurden. Die genauen Kosten sind ein streng gehütetes Geheimnis, Schätzungen liegen jedoch bei zwei Milliarden Dollar. Das Burj Al Arab steht auf einer innerhalb von drei Jahren eigens angelegten künstlichen Insel. Bis 2007 war das Bauwerk (321 m) das höchste Hotel der Welt. Für das prachtvolle Interieur fanden 30 verschiedene Arten Marmor und ca. 8000 Quadratmeter 22-karätiges Blattgold Verwendung.

⭐ Souks

Dubai ist allgemein als Shoppingparadies bekannt. Ein ganz anderes Erlebnis als die schicken klimatisierten Shoppingmalls bieten die reizvollen Souks nahe dem Dubai Creek. In den engen Gassen verkaufen Händler u. a. Gold, Textilien und Gewürze. Viele Souks stammen noch aus der Zeit, als Dubai nur ein von Palmen gesäumter Handelshafen war. Dass Stände mit gleichem Warenangebot – z. B. alle Gewürzhändler – meist gleich nebeneinanderliegen, erleichtert den Preisvergleich. Und Feilschen ist auf Souks ja sowieso ein Muss.

① Naif-Road-Souk, Deira
Der in traditionellem Stil gestaltete Souk in einem eher kitschigen Nachbau eines Wüstenforts bietet z. B. günstige Kleidung und Designer-Imitate.

③ Deira-Souk
Der überdachte Souk wirkt eher indisch als arabisch. Das Warenangebot reicht von Textilien über Henna und Gewürze bis zu Haushaltswaren *(siehe S. 61)*.

② Gold-Souk, Deira
Auf dem von Händlern aus aller Welt besuchten Souk *(unten)* glitzern Gold, Silber und Edelsteine. Es herrschen strenge Vorschriften *(siehe S. 61)*.

(siehe S. 68)

Schneidereien

Dass es in Dubai so viele Schneider gibt, mag angesichts des reichen Angebots an schönen und hochwertigen Stoffen kaum überraschen. Viele Schneidereien liegen in der Nähe des Textil-Souk in Bur Dubai oder in Al Satwa *(siehe S. 68)*. Meist kopiert man dort für Sie eine mitgebrachte Vorlage oder reicht Ihnen ein Musterbuch mit Modellen zur Auswahl.

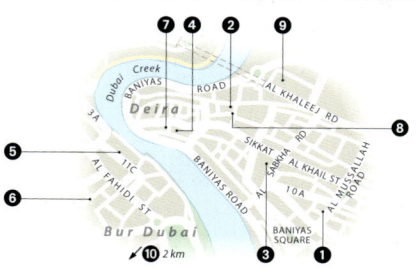

④ Souk Al Kabeer, Deira
Der »Große Souk« erstreckt sich hinter dem Gewürz-Souk von Deira. Die Fassaden der winzigen Läden sind mit Korallen verziert. Besonders zauberhaft ist der kleine Hof Al Arsa.

(7) Gewürz-Souk, Deira

Der winzige Markt *(links)* ist ein Fest für die Sinne: Neben duftenden Gewürzen wie Nelken, Zimt und Kardamom gibt es Weihrauch und Myrrhe samt den passenden Räucherutensilien wie auch köstliche Trockenfrüchte. Persischer Safran ist hier besonders preiswert zu haben *(siehe S. 60)*.

Infobox

www.visitdubai.com

■ tägl. 10–22 Uhr (einige Souks schließen kurz zur Gebetszeit um 13.30 Uhr)

■ Feilschen ist auf einem Souk unerlässlich. Handeln Sie so lange, bis ein zufriedenstellender Kompromiss erzielt ist.

■ Da es in Dubai keine Mehrwertsteuer gibt, sind CDs, Parfum und Elektroartikel erfreulich günstig.

■ Rund um den Bur-Dubai-Souk finden sich viele preiswerte indische Restaurants.

---

(9) Fisch-Souk, Dubai

Auf dem Souk gibt es nicht nur fangfrischen Barrakuda und einheimischen Hammour, sondern auch Fleischwaren sowie frisches Obst und Gemüse *(siehe S. 59)*.

(10) Karama-»Souk«

Hier finden Sie gefakte Designerwaren *(unten)* – vor allem Armbanduhren und Handtaschen – von mitunter erstaunlicher Qualität *(siehe S. 68)*.

(5) Textil-Souk, Bur Dubai

Der schön restaurierte Souk *(oben)* am Dubai Creek erstreckt sich unter einer gewölbten Pergola. In den Gassen reihen sich zahllose kleine Läden, die bunte Stoffe und Textilien anbieten *(siehe S. 66)*.

(6) Meena Bazaar, Bur Dubai

Auf einen Besuch dieses Textilmarkts folgt nicht selten der Gang in eine Schneiderei. Die wunderbaren Stoffe – Leinen, Seide, Satin und Brokat in allen erdenklichen Farben – stammen aus aller Welt *(siehe S. 68)*.

(8) Parfum-Souk, Deira

Faszinierende Läden verkaufen hier schwere exotische Düfte wie Jasmin, Rose und Amberholz, mischen »persönliche Noten« und führen neben arabischen Essenzen auch westliche Marken *(siehe S. 60)*.

TOP10 ⭐ Scheich-Zayid-Moschee

Die Moschee in Abu Dhabi ist die größte der Vereinigten Arabischen Emirate. Sie bietet 40 000 Gläubigen Platz und zieht an hohen Feiertagen große Scharen an. Die nach Scheich Zayid bin Sultan Al Nahyan – erster Präsident der VAE – benannte Moschee zeigt persische und maurische Stilelemente sowie Anklänge an die Architektur der Moguln. Beim elfjährigen Bau zwischen 1996 und 2007 kamen Unmengen an Marmor, Gold, Kristall und Edelsteinen zum Einsatz.

1 Architektur
Die Silhouette der Moschee mit ihren vier Minaretten ist von jeder Stelle in Abu Dhabi aus zu sehen. Das Gebäude ist mit makedonischem Marmor verkleidet und mit über 100 Kuppeln versehen.

4 Gebetsteppich
Den Boden der Gebetshalle bedeckt der größte Teppich der Welt. Er misst gut 5000 Quadratmeter und wiegt rund 35 Tonnen. Das im Iran gefertigte Meisterwerk weist schätzungsweise an die 2,26 Millionen Knoten auf.

5 Kronleuchter
Der größte der sieben gewaltigen Kronleuchter der Scheich-Zayid-Moschee hängt in der Mitte der Gebetshalle. Mit einer Breite von rund zehn Metern und einer Höhe von 15 Metern ist er der drittgrößte Kronleuchter der Welt. Er wurde in Deutschland gefertigt und ist mit über einer Million Swarovski-Kristallen verziert.

6 Minarette
An jeder Ecke des Hofs ragt ein 107 Meter hohes Minarett in den Himmel. Der Baustil reflektiert die Traditionen der islamischen Architektur in aller Welt und vereint mamluckische, osmanische und fatimidische Elemente, wie man sie aus Ägypten und aus der Türkei kennt.

2 Gebetshalle
In der riesigen, überaus prächtig gestalteten Gebetshalle (oben) finden mehr als 7000 Gläubige Platz. Die Bogen werden von 96 Marmorsäulen getragen, die mit wunderschönen Perlmuttintarsien verziert sind.

3 Eingang
Ein prächtiger Säulengang mit kunstvollen goldenen Ornamenten (rechts) führt zur Moschee. Vor dem Eingang befinden sich große Wasserbecken.

8 Qibla

An der Wand, die den Gläubigen in der Moschee die *qibla* – die Gebetsrichtung zur Kaaba in Mekka – anzeigt, stehen goldverziert und in kufischer Schrift die 99 Namen Allahs *(links)*.

Scheich Zayid bin Sultan Al Nahyan

Scheich Zayid bin Sultan Al Nahyan (1918–2004) wurde 1966 nach unblutigem Putsch gegen seinen älteren Bruder Emir von Abu Dhabi. Sein Regierungsprogramm sorgte für den Aufstieg der einst unbedeutenden Stadt Abu Dhabi. 1971 wurde Scheich Zayid bin Sultan Al Nahyan Präsident der neu gegründeten Vereinigten Arabischen Emirate und Abu Dhabi zu deren Hauptstadt. Der für seine Großzügigkeit bekannte Herrscher wird noch heute sehr verehrt.

10 Minbar

Vor der mit den Namen Allahs verzierten Wand befindet sich das *minbar* (Kanzel), von dem aus die Freitagspredigt gehalten wird *(unten)*.

7 Hof

Der riesige Hof *(oben)*, der 30 000 Gläubige fasst, erstrahlt im Sonnenlicht in leuchtendem Weiß. Das marmorne Blumenmosaik, das den Boden ziert, gilt als das größte der Welt.

9 Grabstätte von Scheich Zayid bin Sultan Al Nahyan

Das Grabmal des einstigen Emirs von Abu Dhabi ist verglichen mit dem Dekor der Moschee bemerkenswert schlicht.

Infobox

Karte V3 ▪ Khaleej al Arabi Street & Sheikh Rashid bin Saeed Street, Abu Dhabi ▪ +971 2 419 1919 ▪ www.szgmc.gov.ae ▪ Sa – Do 9 – 22 Uhr, Fr 9 –12, 15 – 22 Uhr (Ramadan: Sa – Do 10 –18, 21.30 –1 Uhr, Fr 15 –18, 21.30 –1 Uhr)

▪ Eintritt frei

▪ Führungen: So – Do 10 – 20 Uhr (stündl.), Fr 10, 11, 16, 17, 18, 19 & 20 Uhr

▪ Besucher müssen Arme und Beine bedecken. Frauen können sich lange Röcke und Kopftücher ausleihen. Die Moschee darf man nicht mit Schuhen betreten.

▪ Die Führungen sind kostenlos. Abendlicht macht die Besichtigung um 17 Uhr besonders schön.

▪ Nachts sorgt eine Außenbeleuchtung, die die Mondphasen simuliert, für Reiz.

▪ In Bain Al Jessrein *(siehe S. 97)* bietet The Souk at Qaryat Al Beri viele Lokale.

🔟⭐ Emirates Palace

Das imposante Hotel dominiert den südwestlichen Teil von Abu Dhabis Zentrum. Die Baukosten für das gewaltige Projekt beliefen sich schätzungsweise auf drei Milliarden Dollar. Die Anlage erstreckt sich einen Kilometer lang an einem Privatstrand. Schon der von Kuppeln gekrönte Bau aus rotem Sandstein und der Park mit seinen vielen Springbrunnen machen Eindruck, doch noch atemberaubender wirkt das Interieur: Marmor, Blattgoldverzierungen und weiteres opulentes Dekor schaffen eine wahrlich luxuriöse Atmosphäre.

Infobox

Karte N1 ■ Corniche Road West, Abu Dhabi ■ +971 2 690 9000 ■ www. emiratespalace.com

■ Die Lobby ist frei zugänglich, Zutritt zu weiteren Teilen des Hotels erhält man nur, wenn man eine Reservierung für eines der Restaurants hat (+971 2 690 7999; epauh-restaurants@ mohg.com) – z. B. für Kaffee oder Nachmittagstee im eleganten Le Café, ein spanisches Mittag- oder Abendessen im Las Brisas oder ein schickes Dinner im noblen Restaurant Talea (siehe S. 95).

■ Im überaus luxuriösen Spa des Hauses können auch Nichtgäste z. B. bei einem »24 Carat Gold Radiance Facial« entspannen (+971 2 690 7885; epauh-spa@mohg.com).

① Swarovski-Kronleuchter
Der großzügige Einsatz von kunstvollen Kronleuchtern im gesamten Gebäude ist mehr als augenfällig – wo andernorts eine Glühbirne genügt, glitzert und funkelt hier Swarovski-Kristall.

② Triumphbogen
Vor dem Emirates Palace steht ein majestätischer Triumphbogen mit einer breiten Auffahrt (links). Normalerweise ist das Tor geschlossen. Es wird nur zu besonderen Anlässen für gekrönte Häupter und Würdenträger geöffnet.

③ Majlis mit Wandmalerei
Der eindrucksvollste der Gemeinschaftsräume ist der majlis (»Ort der Zusammenkunft«). Ihn zieren eine blaue Decke mit Fresken und ein Wandgemälde mit stolzen Araberhengsten.

④ Emirates Palace Auditorium
Auf der angesehenen Bühne des Hotels kommen russisches Ballett, Konzerte arabischer Orchester und Musicals zur Aufführung. Bis zu 1100 Zuschauer können hier erstklassige Akustik und Technik genießen.

Suiten ⑤

Das Haus bietet 302 Luxuszimmer sowie 92 Khaleej- und Palace-Suiten. Im fünften Stock befindet sich die Empfangshalle für Könige und Staatsoberhäupter, im achten Stock liegen die Suiten für die Herrscher der Golfstaaten. Die Saudi-Suite *(rechts)* verfügt über einen eigenen Barbier-Salon.

⑨ Palastgärten & Brunnen

Die Fassade des Hotels *(links)* prägen traditionelle arabische Elemente. Ihre Farbe repräsentiert die verschiedenen Nuancen arabischen Sands. Die herrlichen Grünanlagen und die spektakulären Springbrunnen sorgen für weiteren Reiz.

⑩ Algerischer Sand

Der weiße Sand des gut 1300 Meter langen Hotelstrands wurde extra aus Algerien importiert. Vorher lag hier ein beliebter Kricket- und Badestrand, dessen Sand als für königliche Füße nicht fein genug erachtet wurde.

⑥ Kuppeln

Die eindrucksvollste der 114 Kuppeln des Baus ist jene über dem »Grand Atrium« – mit silbernen und goldenen Glasmosaiken und einer Goldrosette.

⑦ Versteinerte Palmen

Im Inneren des Hotels stehen 8000 Bäume. Die Dattelpalme als nationales Symbol ist omnipräsent. Einige der Palmen sind aus Stein, wirken aber täuschend echt.

⑧ Vergoldete Lobby

Die Opulenz der goldenen Lobby *(links)* mutet wie ein Märchen aus Tausendundeiner Nacht an. Bis zum Bau des Emirates Palace war Abu Dhabi eine recht schlichte Stadt. Mit dem Hotel wurde ihr Wohlstand erstmals zur Schau gestellt.

Größe & Opulenz

Die Anlage nimmt rund 1 000 000 Quadratmeter ein. Das Haus bietet über 300 Zimmer und beinahe 100 Suiten, das ca. 2000-köpfige Personal stammt aus 50 Ländern. 114 Kuppeln und 1002 Kronleuchter zieren das Hotel. Es gibt zwei Hubschrauberlandeplätze und einen Ballsaal für 2500 Gäste. Angeblich verirren sich sogar Angestellte oft in den langen Korridoren.

⭐ TOP 10 Wüstentouren

Die Wüste der Vereinigten Arabischen Emirate erscheint wie aus dem Bilderbuch – eine Fahrt durch diese Landschaft mit ihren vielen Farben und Formen darf bei einem Urlaub nicht fehlen. Kamele weiden gleich vor den Städten im Wüstengras. Wer nicht über ein Auto mit Allradantrieb und die nötige Fahrpraxis verfügt, sollte sich für eine Safari entscheiden oder ein Wüstenresort wie Al Maha und Bab Al Shams besuchen. Wer über Nacht bleibt, erlebt die Stille der Wüste.

Liwa-Oase

Die wohl imposanteste Wüstenzenerie bietet die nur wenige Autostunden von Abu Dhabi entfernte Liwa-Oase *(siehe S. 54)*. Die dortigen Sanddünen sind die größten in den Vereinigten Arabischen Emiraten. Die schönste Färbung – zarte Töne von Pfirsichgelb bis Apricot – zeigen sie bei Sonnenauf- und Sonnenuntergang.

Ballonfahrten ③

In einem Heißluftballon über der Wüste zu schweben *(rechts)*, ist ein unvergessliches Erlebnis. Balloon Adventures Dubai bietet Fahrten über dem Dubai Desert Conservation Reserve.

① Wüstensafaris

Adventure Planet Tourism und Dreamdays organisieren Safaris im Geländewagen samt Unterhaltung wie Sand-Skiing und Hennamalerei, arabisches Büfett, Shishas und Bauchtanz.

④ Dubai Desert Conservation Reserve

In der Dünenlandschaft des Naturschutzgebiets leben Oryxantilopen und Edmigazellen. Neben Tagestouren bietet sich eine Übernachtung im Resort Al Maha an.

⑤ Al Maha Desert Resort & Spa

Hier wohnt man in zelt-artigen Luxussuiten mit eigenem Tauchbecken und der Wüste als »Vor-garten« *(siehe S. 117)*.

② Bab Al Shams Desert Resort

Palmengärten und Teiche verleihen dem Resort *(oben)* besonderen Reiz. Vom Infinity Pool aus genießt man den Blick auf die Wüste *(siehe S. 117)*.

6 Bauchtanz
Bauchtanz, der traditionelle Tanz des Nahen und des Mittleren Ostens, hat eine lange Geschichte. Eine Bauchtanzdarbietung darf bei keiner Wüstensafari fehlen. Manchmal werden Gäste zum Mitmachen aufgefordert.

8 Dune Bashing
Ein aufregendes Erlebnis: Mit Vierradantrieb geht es rasend schnell durch die Wüste *(oben)*, wobei der Sand spritzt und Hindernisse überaus willkommen sind – für ängstliche Naturen oder schwache Herzen ist das nichts.

Infobox

Adventure Planet Tourism:
+971 55 338 5522
■ Safaris ab 50 AED
■ www.dubaidesert safaris.com

Dreamdays:
+971 4 432 9392
■ Safaris ab 225 AED
■ www.dreamdays.ae

Balloon Adventures Dubai:
+971 4 440 9827 ■ Sep – Mai ■ www.ballooning.ae

Dubai Desert Conservation Reserve:
www.ddcr.org

■ Wer sich nicht allzu sengender Hitze aussetzen möchte, sollte die Sommermonate meiden und die Wüste besser in Frühling, Herbst oder Winter besuchen.

7 Beduinen-Festmahl
Das Al Hadheerah Desert Restaurant im Resort Bab Al Shams serviert ein authentisch arabisches Beduinenbüfett mit Spezialitäten wie Kamelbraten.

9 Anantara Qasr Al Sarab
Das Wüstenresort *(links)*, eine Oase am Rande Abu Dhabis, bietet herrliche Pools, authentische Hammams und exquisite arabische Küche. Entspannen Sie bei tollem Blick auf die Wüste und essen Sie unter Sternen *(siehe S. 117)*.

10 Wüstenkamele
Machen Sie es wie die alten Beduinen und ziehen Sie an der Seite stattlicher Kamele – und eines Führers – durch die Dünen *(oben)*. Weiteren Kontakt zu den majestätischen Vierbeinern bietet Dubais Heritage Village *(siehe S. 66)*.

Themen

Atrium des Burj Al Arab, Dubai

TOP 10 Historische Ereignisse

1 5110 v. Chr.: Besiedlung von Abu Dhabi

Über 7000 Jahre alte Artefakte wie auf Dalma gefundene Dattelsteine, Feuersteinwerkzeuge aus den Ebenen von Al Ain und Mauerreste auf Marawah sind Hinweise auf erste Siedlungen in Abu Dhabi.

2 700: Islamisierung

Mit Eroberungen durch die Umayyaden, Gründer des zweiten der vier großen islamischen Kalifate, breitet sich der islamische Glauben auf der arabischen Halbinsel aus.

3 1507: Europäische Händler am Golf

Die Portugiesen, angeführt von Afonso de Albuquerque, erobern 1507 die Insel Hormuz (heute Teil des Iran), wo ein portugiesisches Handelsfort entsteht. Die Invasion umfasst die Eroberung von Masqat, Kuryat, Khor Fakkan und anderen reichen Handelsstädten an der Küste der arabischen Halbinsel und ebnet den Weg für den Handel zwischen Arabien und Europa.

Handelsplatz Hormuz unter portugiesischer Herrschaft

4 1793: Die Al Bu Falah siedeln in Abu Dhabi

Wegen der fruchtbaren Böden und der reichen Tierwelt lassen sich die Al Bu Falah 1793 in Abu Dhabi nieder. Der Stamm, zu dem auch die Al Nahyan zählen, hat seine Wurzeln in der hochverehrten südarabischen Beduinengemeinschaft Bani Yas.

5 1833: Die Al Maktoum kommen nach Dubai

Angeführt von Maktoum bin Buti Al Maktoum trennt sich die Familie von den Al Bu Falah in Abu Dhabi und begründet an der Mündung des Dubai Creek eine der bedeutendsten Dynastien der VAE. Noch heute herrscht in Dubai ein Al Maktoum.

6 1901: Freihandelszone

Als Deira nach einem Brand im Jahr 1894 nur mit der Hilfe wohlhabender ausländischer Unternehmen wiederaufgebaut werden kann, sorgt Scheich Maktoum bin Hasher Al Maktoum für Steuerbefreiungen und macht Dubai 1901 zur Freihandelszone. Damit ist eine Zeit wirtschaftlichen Erfolgs eingeläutet, die Einwanderer anlockt. Die ersten sind Perser, die vom Persischen Golf auf die arabische Halbinsel und schließlich nach Dubai kommen; es folgen Inder, Europäer und andere, die ihr Glück suchen.

7 1950er/ 1960er Jahre: Entdeckung von Öl

1958 stößt man in Abu Dhabi, 1966 in Dubai auf Erdöl. Mit den Bohrungen und dem Export des schwarzen Golds ändern sich die Geschicke beider Städte: Die boomende Ölindustrie bringt viel Geld in die Emirate – man baut Straßen, Schulen, Krankenhäuser und andere Einrichtungen. Die Entwicklung der städtischen Infrastruktur führt zu einer gewaltigen Veränderung der Lebensqualität und eröffnet eine blühende Zukunft.

(8) 1971: Gründung der VAE

Anfang Dezember 1971, mit Auslaufen des Vertrags zwischen Großbritannien und den sieben sogenannten Trucial States, treffen sich die Scheichs von Abu Dhabi, Dubai, Ajman, Fujairah, Sharjah, Umm Al Qaiwain und Ras Al Khaima, um die Vereinigten Arabischen Emirate zu gründen. Scheich Zayid bin Sultan Al Nahyan, der Herrscher von Abu Dhabi, leitet die Verhandlungen und wird als erster Präsident der VAE vereidigt.

Scheich Zayid wird zu Grabe getragen

(9) 2004: Tod von Scheich Zayid

Als Präsident Zayid bin Sultan Al Nahyan nach langer Krankheit stirbt, herrscht in den VAE Staatstrauer. Unternehmen schließen für drei, Regierungsstellen für acht Tage und Fahnen hängen 40 Tage lang auf halbmast. Kronprinz Khalifa bin Zayid Al Nahyan, der während der Krankheit des Vaters bereits kommissarisch regiert hat, übernimmt Abu Dhabis Thron und wird von den Scheichs der VAE zum neuen Präsidenten gewählt.

(10) 2008: Finanzkrise

Die weltweite Finanzkrise treibt Dubai an den Rand des Staatsbankrotts. Das Emirat sieht sich mit Schulden von gut 82 Milliarden Dollar konfrontiert, die in den letzten Jahren durch gewaltige Bauprojekte zusammengekommen waren. Das Nachbaremirat Abu Dhabi hilft mit einem 10-Milliarden-Dollar-Kredit aus, viele Bauprojekte werden stillgelegt, Dubai muss sparen lernen.

Kultur & Tradition

1 Falknerei
Falken dienten Beduinen bei der Jagd auf kleinere Vögel und Hasen, heute wird vor allem für Shows täglich trainiert.

2 Kleidung
Frauen tragen eine *abaya* (Überkleid) und eine schwarze *shayla* als Kopftuch, Männer die weiße *dishdasha* und auf dem Kopf die weiße oder karierte, mit einer *agal* (Kordel) befestigte *gutra*.

3 Kamele
Beduinen nutzten Kamele als Lasttiere, tranken ihre Milch und fertigten Zelte und Kleidung aus ihrem Fell.

4 Fischfang & Bootsbau
In der Vergangenheit lebten die Küstenbewohner von Fischfang, Perlentauchen und dem Bau der traditionellen *dhows*.

5 Beduinengesellschaft
Den Sommer verbrachten die Beduinen meist in kühlen Palmenoasen, den Winter fischend am Meer.

6 Dichtung
Emirati-Dichtung reicht vom romantischen *Baiti*-Stil bis zu mundartlichen *Nabati*-Gedichten.

7 Arabische Pferde
Der Vollblutaraber ist eine alte, für Eleganz und Stärke bekannte Pferderasse, die die Beduinen sorgsam züchteten.

8 Perlentauchen
Bis in die 1920er Jahre war das Perlentauchen Dubais Haupterwerb. Ende des 20. Jahrhunderts fuhren in der Bucht noch gut 1000 Perlentaucherboote.

9 Dattelpalmen
In den VAE gibt es über 50 Dattelarten. Getrocknete Datteln *(tamr)* waren in der Wüste überlebenswichtig.

10 Henna
An Festtagen malen Emirati-Frauen mit Henna Muster auf ihre Hände und Füße.

Hennamalerei auf Haut

TOP 10 Kunstgalerien

1 **The Empty Quarter**
Karte D6 ▪ Building 2, Gate Village, Dubai ▪ +971 4 323 1210 ▪ Sa–Do 10–19 Uhr ▪ www.theemptyquarter.com
Die einzige Galerie für Fotokunst in den Vereinigten Arabischen Emiraten präsentiert dokumentarische und kreative Arbeiten.

Abstrakte Kunst, The Third Line

2 **The Third Line**
Karte C2 ▪ Warehouse 78 & 80, Street 8, Alserkal Avenue, Al Quoz, Dubai ▪ +971 4 341 1367 ▪ Mo–Sa 11–19 Uhr ▪ www.thethirdline.com
Wechselausstellungen zeigen provokative und verspielte Werke von Künstlern der Golfregion.

3 **Folklore Gallery**
Karte Q2 ▪ Zayed The First Street, Al Khalidiya, Abu Dhabi ▪ +971 2 666 0361 ▪ Sa–Do 9–13 & 16–21 Uhr ▪ www.folkloregallery.net
Die Galerie führt Kunst und Kunsthandwerk aus der Region. Die schönen Stücke umfassen handgefertigte

Grußkarten, Drucke, hübsche Lesezeichen und sogar mundgeblasene Glaswaren.

4 **The Majlis Gallery**
Karte K2 ▪ Al Musalla Roundabout, Al Fahidi, Dubai ▪ +971 4 353 6233 ▪ Mo–Sa 10–18 Uhr ▪ www.themajlisgallery.com
Dubais älteste Galerie konzentriert sich auf Werke, die Arabien und den Nahen Osten thematisieren. Die Arbeiten – darunter gute Drucke, Keramiken und Skulpturen – stammen von einheimischen und zugereisten Künstlern der Region *(siehe S. 18)*.

5 **Gallery Isabelle van den Eynde**
Karte C2 ▪ Unit 17, Street 8, Alserkal Avenue, Al Quoz, Dubai ▪ +971 4 323 5052 ▪ Mo–Sa 10–18 Uhr ▪ www.ivde.net
In Sachen Präsentation geht diese Galerie mit ihren Ausstellungen provokativer Kunst aus dem Nahen Osten und Nordafrika – Malerei, Fotografie, Multimedia – aufregend neue Wege. Große Beachtung fand die Ausstellung von Ramin Haerizadeh: Der iranische Fotokünstler stellt mit Verfremdungen seines Gesichts Motive des persischen Theaters dar.

6 **Green Art Gallery**
Karte C2 ▪ Unit 28, Street 8, Alserkal Avenue, Al Quoz, Dubai ▪ +971 4 346 9305 ▪ Mo–Sa 10–19 Uhr ▪ www.gagallery.com
Was 1995 als kleiner Salon für moderne arabische Kunst begann, ist

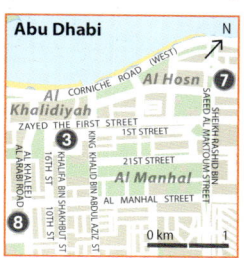

Pop-Art von Mohammed Kanoo, Tabari Artspace

heute eine angesehene Galerie, die rund ums Jahr wechselnde Ausstellungen präsentiert. Die Reihe von Künstlern aus dem Nahen Osten, Nordafrika, Südasien und darüber hinaus ist generationen- wie auch medienübergreifend, der Fokus liegt auf Erbe, Kultur und Lebenswelt des Nahen Ostens.

⑦ Abu Dhabi Art Hub
Karte R2 ▪ The Mall WTC, Khalifa bin Zayed The First Street, Abu Dhabi ▪ +971 2 551 5005 ▪ tägl. 10 – 22 Uhr ▪ www.adah.ae
Die Galerie zeigt Werke etablierter und aufstrebender bildender Künstler und fördert den Austausch einheimischer Kunstschaffender mit Kollegen aus aller Welt. Hauptanliegen der Einrichtung sind der Dienst am Künstler und die Förderung junger Kreativer im Land.

⑧ Etihad Modern Art Gallery
Karte Q3 ▪ Villa 15, Al Huwelat Street, Al Bateen, Abu Dhabi ▪ +971 2 621 0154 ▪ So, Di, Do 11 – 18 Uhr ▪ www. etihadmodernart.com
Das Augenmerk dieser modernen Galerie liegt auf Werken mit Bezug auf kulturelle Aspekte der Region. Dabei kommen neben hiesigen – renommierten wie aufstrebenden – auch internationale Künstler zum Zuge. Darüber hinaus veranstaltet das Haus Workshops, Lesungen und Konzerte.

⑨ Tabari Artspace
Karte D6 ▪ Building 3, Gate Village, Dubai ▪ +971 4 323 0820 ▪ So – Do 10 – 18 Uhr ▪ www.tabari artspace.com
Mit tollen Ausstellungen von Künstlern des Nahen Ostens stellt die Galerie, der vor allem junge Talente am Herzen liegen, das Verständnis von Grenzen, Raum, Ort und Identität in den Fokus. Ein Highlight ist Mohammed Kanoos verspielte Pop-Art.

⑩ XVA Gallery
Karte K2 ▪ Al Fahidi, Dubai ▪ +971 4 353 5383 ▪ tägl. 10 – 18 Uhr ▪ www.xvagallery.com
Ein Boutiquehotel in einem restaurierten Haus birgt die führende Galerie, die auch das Café im Hof als Ausstellungsraum nutzt *(siehe S. 19)*.

XVA Gallery

🔟 Resorts

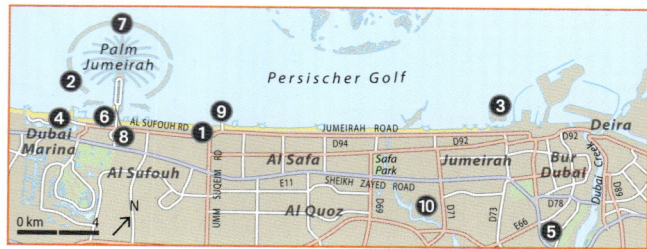

① Jumeirah Al Qasr
Die geschwungenen breiten Treppen, riesigen Kronleuchter und üppigen Ornamente arabischen Stils erinnern an eine Kulisse aus einem Hollywoodfilm. Im schönen Restaurant Pierchic *(siehe S. 81)* speist man in romantischer Atmosphäre mit fantastischem Blick auf das Burj Al Arab *(siehe S. 113)*.

Jumeirah Zabeel Saray

② Jumeirah Zabeel Saray
Das Resort zeugt von der in Dubai herrschenden Vorliebe für extravagante Interieurs. Das indische Restaurant Amala *(siehe S. 87)* ist nur ein Beispiel für das exzellente und vielseitige gastronomische Angebot des Hauses *(siehe S. 113)*.

③ Nikki Beach Resort & Spa
Am Ufer von Pearl Jumeirah steht dieses stilvolle Resort – eine urbane Oase mit spektakulärem Blick auf den Persischen Golf. Es ist Heimat des beliebten Nikki Beach Club mit seiner beliebten Shisha-Terrasse und eines schönen Cafés, das freitags köstlichen Brunch im Programm hat *(siehe S. 113)*.

④ The Ritz-Carlton
Dezente europäische Eleganz prägt den Stil dieses Luxusresorts. Besucher können die wunderbare Atmosphäre des Hauses beim Nachmittagstee in der Lobby-Lounge, bei einem Cocktail in der Library Bar oder während eines Aufenthalts im edlen Spa genießen *(siehe S. 114)*.

⑤ Raffles Dubai
Das Interieur des pyramidenförmigen Hotels ist dem alten Ägypten nachempfunden. Das prächtige Foyer mit den mit Hieroglyphen verzierten Säulen ist sehenswert. Im noblen Restaurant Tomo Japanese und im schicken Club People by Crystal genießen Gäste die herrliche Aussicht vom obersten Stockwerk des Hauses *(siehe S. 112)*.

Foyer des Raffles Dubai

Aquarium *(siehe S. 83)*, Aquaventure Waterpark und Dolphin Bay *(siehe S. 84)*. Der Hotelstrand ist öffentlich zugänglich *(siehe S. 84 & S. 113)*.

8 FIVE Palm Jumeirah

Das glamouröse Luxusresort auf der Insel Palm Jumeirah wartet u. a. mit dem überaus schicken Club The Penthouse auf, der Dachpools, eine Shisha-Lounge, unglaubliche Drinks und atemberaubende Sonnenuntergänge bietet. Im Restaurant Maiden Shanghai genießen Gäste exzellente chinesische Küche und feine Cocktails *(siehe S. 113)*.

9 Burj Al Arab Jumeirah

Ein Besuch des wohl bekanntesten Gebäudes von ganz Dubai gehört bei einem Aufenthalt in der Stadt fraglos zum Pflichtprogramm. Nachmittagstee im prächtigen Atrium ist ein unvergessliches Erlebnis, der Ausblick von der Skyview Bar einzigartig *(siehe S. 24f & S. 113)*.

10 Palace Downtown

Inmitten der modernen Bauten von Downtown Dubai bezaubert dieses opulent ausgestattete Resort am See mit traditionellem arabischen Flair. Im Restaurant Thiptara *(siehe S. 75)* speist man in wunderbar romantischer Atmosphäre, in der eleganten Al Bayt Lounge genießt man stilvoll den Nachmittagstee *(siehe S. 72 & S. 112)*.

One & Only Royal Mirage

6 One & Only Royal Mirage

In Dubais wohl romantischstem Resort erstrecken sich Gebäude maurischen Stils in einem Palmenhain direkt am Strand. Hier locken exzellente Restaurants wie Eauzone und Tagine *(beide siehe S. 87)* und das luxuriöse Oriental Spa *(siehe S. 113)*.

7 Atlantis, The Palm

Das riesige Gebäude mit dem markanten Torbogen zählt zu Dubais bekanntesten Wahrzeichen. Zur Anlage gehören familienfreundliche Attraktionen wie The Lost Chambers

Atlantis, The Palm

TOP 10 Outdoor-Aktivitäten

Fallschirmsprung über Palm Jumeirah

① Fallschirmspringen

Skydive Dubai: Karte B1; Al Seyahi Street, Dubai; +971 4 377 8888; www.skydivedubai.ae
Fallschirmspringer genießen den Blick auf Dubai aus der Vogelperspektive. Skydive Dubai betreibt ein Trainingszentrum in der Wüste und veranstaltet Tandemsprünge über Palm Jumeirah.

② Tauchen

Emirates Diving Association: Karte K1; Heritage Village & Diving Village, Al Shindagha; +971 4 393 9390; www.emiratesdiving.com
Die Emirates Diving Association bietet Informationen über Tauchgänge in Dubai, Abu Dhabi und in einigen Städten an der Ostküste.

③ Windsurfen

Windsurfer finden in Dubai perfekte Bedingungen vor. Die meisten Strandresorts verleihen Ausrüstung und veranstalten auch Kurse. The Westin Dubai Mina Seyahi Beach Resort & Marina *(siehe S. 113)* bietet besonders gute Einrichtungen.

④ Fischen

Auf organisierten Angeltouren wird die Ausrüstung gestellt und Gelegenheit geboten, den Fang an Bord zuzubereiten, man kann aber auch ein eigenes Boot chartern. Als Veranstalter empfehlen sich das Resort Le Méridien Mina Seyahi in Dubai *(siehe S. 112)* und das Hotel Beach Rotana in Abu Dhabi *(siehe S. 116)*.

⑤ Autorennen

Dubai Autodrome: Karte B3; Emirates Road, Dubai; +971 4 806 2220; www.dubaiautodrome.ae
Die Formel-1-taugliche Rennstrecke im Kartdrome des Dubai Autodrome hat 17 Kurven. Unterricht in der Fahrschule muss man frühzeitig buchen.

Dubai Autodrome

⑥ Ballonfahren

Der Blick vom Heißluftballon auf die Wüstenlandschaft ist fantastisch. Über den Dünen schwebend kann man das Spiel von Licht und Schatten in den vom Wind geschaffenen Sandformationen bestmöglich erfassen *(siehe S. 32)*.

Heißluftballon über der Wüste

7 Wakeboarden
Al Forsan International Sports Resort: Khalifa City, Abu Dhabi; +971 2 656 5656; www.alforsan.com

Die Wellen des Golfs laden auch Anfänger zum Wakeboarden ein – viele Ferienanlagen veranstalten Kurse. Guten Unterricht bieten z. B. das Le Méridien Mina Seyahi in Dubai *(siehe S. 112)* und das Al Forsan International Sports Resort in Abu Dhabi.

8 Golfen
Dubai Golf: www.dubaigolf.com

Dubais und Abu Dhabis Golfplätze zählen zu den besten der Welt. Sie sind Austragungsort internationaler Turniere, darunter die Omega Dubai Desert Classic *(siehe links)* auf der Anlage des Emirates Golf Club.

Omega Dubai Desert Classic

9 Kitesurfen
Kitesurf School Dubai: Kite Beach, Jumeirah Road; +971 50 254 7440; www.kitesurf.ae

Dubais Kite Beach *(siehe S. 45)* ist bei Wassersportlern sehr beliebt. Die dortige Kitesurf School Dubai verleiht das nötige Equipment und vermittelt Lehrer.

10 Reiten
Emirates Equestrian Centre: Karte D3; +971 50 558 7656; www. emiratesequestriancentre.com ▪ Abu Dhabi Equestrian Club: Al Ain; +971 2 445 5500; www.adec-web.com

In Dubai und in Abu Dhabi gibt es exzellente Reitsportzentren, die auch Unterricht anbieten.

Sportveranstaltungen

Läufer beim Dubai Marathon

1 Dubai Marathon
An dem Stadtmarathon nehmen Läufer aus aller Welt teil *(siehe S. 53)*.

2 Omega Dubai Desert Classic
Das viertägige Turnier lockt die besten Golfer der Welt an *(siehe S. 53)*.

3 Dubai Duty Free Tennis Championships
Im Dubai Tennis Stadium treten Top-Spieler gegeneinander an *(siehe S. 53)*.

4 Dubai Rugby Sevens
Nov ▪ www.dubairugby7s.com
Die Spiele sind Teil der HSBC World Rugby Sevens Series.

5 Abu Dhabi Grand Prix
Yas Marina Circuit ▪ wechselnde Termine ▪ www.yasmarinacircuit.com
Auf dem Yas Marina Circuit finden seit 2009 Formel-1-Rennen statt.

6 Fußball der Arabian Gulf League
Winter ▪ www.proleague.ae
Fans begleiten die abendlichen Spiele der VAE-Profiliga mit Choreografien und Gesängen.

7 Al Maktoum Rowing Cup
Karte B1 ▪ Dubai International Marine Club ▪ Nov/Dez ▪ www.dimc.ae
Für diese begehrte Trophäe liefern sich Ruderer in traditionellen Holzbooten harte Rennen.

8 Powerboat Racing
Dez ▪ www.f1h2o.com
Die rasanten Rennboote bieten ein überaus eindrucksvolles Spektakel.

9 Dubai World Cup
Das Pferderennen ist das höchstdotierte der Welt *(siehe S. 53)*.

10 Abu Dhabi Desert Challenge
Bei der Rallye kämpfen sich Fahrer aus aller Welt mit Motorrad, Geländewagen oder Lkw durch die Wüste *(siehe S. 53)*.

🔟 **Kinder**

Rutschfahrt im Wasserpark Aquaventure

① Magic Planet
Karte E2 ▪ City Centre Deira, Dubai ▪ +971 4 295 4333 ▪ tägl. 10–22 Uhr (Do & Fr bis 24 Uhr) ▪ Eintritt für Fahrgeschäfte ▪ www.magicplanet mena.com
In der großen Halle gibt es Attraktionen für die ganze Familie, z. B. ein hübsches Karussell, Autoskooter, Minigolf, Videospiele und einen Spielbereich für Kleinkinder.

② Ski Dubai
Die größte Skihalle der Welt bietet Pisten zum Skifahren und zum Snowboarden für jedermann, sie birgt aber auch einen Schneepark mit diversen Fahrgeschäften, Schlitten- und Bobbahnen sowie Zorbing-Bällen und beheimatet außerdem eine Kolonie Pinguine *(siehe S. 77)*.

Ski Dubai

③ Aquaventure Waterpark
Im 17 Hektar großen Wasserpark des Resorts Atlantis, The Palm *(siehe S. 41)* locken Fahrten über Wasserfälle und Stromschnellen – und der »Leap of Faith« *(siehe S. 84)*.

④ MOTIONGATE™ Dubai
Karte B2 ▪ Dubai Parks & Resorts, Sheikh Zayed Road, Dubai ▪ +971 4 820 0000 ▪ tägl. 12–21 Uhr (Do–Sa bis 22 Uhr) ▪ Eintritt ▪ www. dubaiparksandresorts.com
Die Fahrgeschäfte und Shows des Themenparks sind durch beliebte Animationsfilme wie *Die Schlümpfe* und *Kung Fu Panda* inspiriert.

⑤ IMG Worlds of Adventure
Karte C3 ▪ Sheikh Mohammed bin Zayed Road, Dubai ▪ +971 4 403 8888 ▪ tägl. 12–22 Uhr (Fr–So bis 23 Uhr) ▪ Eintritt ▪ www.imgworlds.com
Bereiche, die auf Marvel Comics, Cartoon Network oder dem Dinosaurierabenteuer »Lost Valley« basieren, sorgen in diesem riesigen Indoor-Themenpark für viel Spaß.

⑥ Wild Wadi Water Park
Unter den 30 Attraktionen des riesengroßen Wasserparks finden sich so manche für rasanten Spaß wie auch welche für wohlige Entspannung *(siehe S. 78)*.

7 Yas Waterworld

Der riesengroße Wasserpark spricht mit rund 45 Attraktionen in landestypischen Szenerien Besucher aller Altersgruppen an. Das Angebot reicht von ganz entspannten bis zu recht rasanten Rutschfahrten *(siehe S. 98)*.

8 Kidzania

Karte C6 ■ Dubai Mall, Dubai ■ +971 800 382 246 255 ■ tägl. 10 – 22 Uhr ■ Eintritt ■ https://dubai. kidzania.com

In der Miniaturstadt regieren die Kinder: Sie schlüpfen in die Rolle von Erwachsenen, indem sie sich verkleiden und z. B. Ärzte, Feuerwehrleute oder Polizisten spielen.

Spaß in Kidzania

9 Aventura® Parks

Karte F3 ■ Mushrif Park, Dubai ■ +971 52 178 7616 ■ tägl. 10 – 21 Uhr (Do – Sa 9 – 22 Uhr) ■ Eintritt ■ www. aventuraparks.com

Abenteuer in der Natur verspricht dieser Park in einem Ghaf-Wald: mit Hängebrücken, Seilrutschen, Baumwipfelpfaden und Tarzan-Sprüngen aus 25 Metern Höhe.

10 Warner Bros. World™ Abu Dhabi

Yas, Abu Dhabi ■ +971 2 496 8000 ■ tägl. 10 – 20 Uhr ■ Eintritt ■ www. wbworldabudhabi.com

Tauchen Sie ein in die Welt von Batman oder Superman, besuchen Sie Familie Feuerstein und freunden Sie sich mit Bugs Bunny an.

Parks & Strände

Jumeirah Beach Park

1 Jumeirah Beach Park
Der Park bietet Spielplätze und einen Strand mit Sonnenliegen *(siehe S. 78)*.

2 Zaabeel Park
Karte F5/F6 ■ Sheikh Zayed Road, Dubai
Hier gibt es Seen, Cafés, einen Fußballplatz und einen Technik-Themenpark.

3 Al Seef Road Park
Karte K2 ■ Dubai
Die Frischluftoase liegt am Dubai Creek.

4 Creek Park
Der große Park bietet Grillplätze, Minigolf und eine Seilbahn *(siehe S. 16)*.

5 Al Mamzar Beach Park
Karte F1 ■ Al Hamriya, Dubai ■ +971 4 296 6201 ■ tägl. 8 – 22 Uhr; Mo nur für Frauen & Kinder (Jungs nur bis zum Alter von 4 Jahren) ■ Eintritt
Die vier Badestrände mit Picknickplätzen erreicht man per Fahrrad oder Minizug.

6 Umm Suqeim Beach
Karte C2 ■ Jumeirah Beach Road, Dubai
Baden Sie mit Blick aufs Burj Al Arab.

7 Safa Park
Viele Attraktionen, u. a. ein Trampolinkäfig, locken in diesen Park *(siehe S. 77)*.

8 Mushrif Park
Karte F3 ■ Al Khawaneej Road, Dubai ■ tägl. 8 – 22.30 Uhr (Do & Fr bis 23.30 Uhr) ■ Eintritt
Der Wüstenpark bietet Pools, Tiere, ein Theater und einen botanischen Garten.

9 La Mer Beach
Karte D4 ■ 2 A Street, Jumeirah, Dubai
An dem 2,5 Kilometer langen Sandstrand warten Entspannung und Vergnügen.

10 Kite Beach
Karte C2 ■ Jumeirah Beach, Dubai
Der Strand lockt Wassersportler an.

TOP 10 Bars

Skyview Bar

1 Skyview Bar

Von der Dachbar des Hotels Burj Al Arab eröffnet sich ein atemberaubender Blick auf die Küste. Die Weinkarte ist exzellent, die Cocktails sind hervorragend. Um Zutritt zur Skyview Bar zu erhalten, muss man vorab reservieren *(siehe S. 24)*.

2 The Rooftop

Die marokkanische Bar bezaubert mit arabesken Lampen, orientalischer Lounge-Musik und der schönen Lage auf einer Dachterrasse *(siehe S. 86)*.

The Rooftop

3 Vault

Im obersten Stock des JW Marriott Marquis Hotel bietet diese edle Bar mit eher wohlhabendem Publikum herrlichen Blick auf die Stadt *(siehe S. 74)*.

4 Bar 44

Die elegante Cocktailbar in der 44. Etage des Grosvenor House lädt dazu ein, an der schicken runden Theke einen Drink zu nehmen oder in prächtigen Sesseln die spektakuläre Aussicht auf den Yachthafen von Dubai zu genießen. Hier verkehren sowohl anspruchsvolle Emiratis als auch Geschäftsleute aus aller Welt *(siehe S. 86)*.

5 Mr. Miyagi's

Großartige Musik, stilvolle Cocktails und eine Auswahl des besten asiatischen Streetfood, das in Dubai zu haben ist – Bao Buns, Dim Sum, Sushi-Röllchen u. Ä. –, machen das einladende Bar-Restaurant zu einem der beliebtesten der Stadt. Die Gestaltung ist fast so kurios wie die Namen der Drinks auf der Karte, die von »Komodo Dragon« bis zu »Ting Tong« reichen *(siehe S. 86)*.

6 Asia Asia

Die Speisekarte dieses preisgekrönten Bar-Restaurants entführt Besucher auf eine Reise von Kleinasien bis in den Fernen Osten. Inspiration für die Gerichte ist der auch als Gewürzroute bekannte mittelalterliche Seeweg nach Indien. Dazu genießt man hervorragende Cocktails *(siehe S. 74)*.

7 Nola
Ein Hauch von New Orleans weht durch die Hotelbar, in der jeden Abend eine lebhafte Gästeschar hervorragende Cocktails, leckere Südstaatenküche und freundlichen Service in nettem Vintage-Ambiente genießt. Einmal in der Woche gibt es dazu noch Livemusik *(siehe S. 86)*.

8 At.mosphere
Das Bar-Restaurant im 122. Stock des Burj Khalifa *(siehe S. 12f)* ist das höchstgelegene der Welt und bietet entsprechende Aussicht. Man muss hier nicht unbedingt speisen, sondern kann auch nur etwas trinken, Reservierung ist allerdings in jedem Fall erforderlich *(siehe S. 75)*.

9 Bahri Bar
Im Hotel Mina A'Salam bezaubert die im Kolonialstil gestaltete Bar mit opulentem Interieur voller altarabischer Details. Sogar auf der Veranda, die fantastischen Blick auf das Burj Al Arab bietet, liegen edle Perserteppiche *(siehe S. 81)*.

Veranda der Bahri Bar

10 Weslodge
Erleben Sie, wie Rock 'n' Roll auf stilvolle Eleganz trifft: Mit einer Auswahl klassischer Drinks mit innovativer Note und der besten nordamerikanischen Küche der Stadt ist das schicke Bar-Restaurant eine großartige Abwechslung für Dubais Ausgehfreudige *(siehe S. 74)*.

Shisha-Spots

Shimmers

1 Shimmers
Karte C2 ▪ Madinat Jumeirah, Dubai ▪ +971 4 432 3232 ▪ tägl. 12 – 0.30 Uhr
Gäste sitzen auf einer eleganten Terrasse.

2 Al Nafoorah
Das schöne Restaurant bietet Shisha-Rauchern ein eigenes Zelt *(siehe S. 75)*.

3 The Courtyards
Karte B1 ▪ One & Only Royal Mirage, Dubai ▪ +971 4 399 9999 ▪ tägl. 19 – 1 Uhr
Zwei Innenhöfe laden in dem edlen Hotel zum entspannten Rauchen ein.

4 Shakespeare & Co.
Karte D4 ▪ The Village Mall, Dubai ▪ +971 4 344 6228 ▪ tägl. 9 – 1 Uhr
Tagsüber Patisserie, abends Shisha-Bar.

5 Souk Madinat Jumeirah
Die zentrale Plaza des Hotel-Souks ist ein zauberhafter Ort *(siehe S. 80)*.

6 QD's
In Dubai lebende Ausländer lieben den Blick auf den Dubai Creek *(siehe S. 62)*.

7 Barouk
Karte E5 ▪ Crowne Plaza, Yas, Abu Dhabi ▪ +971 2 656 3000 ▪ tägl. 18 – 1 Uhr
Auf der Terrasse des libanesischen Restaurants werden Shishas gereicht.

8 Khan Murjan
Mit dem Flair eines alten Souk birgt ein Innenhof dieses Lokal *(siehe S. 69)*.

9 Al Hakawati Café
Karte B2 ▪ Dubai Marina ▪ +971 4 288 8396 ▪ tägl. 10 – 1.30 Uhr
Rund um dieses nette Café am Wasser ragen die Wolkenkratzer auf.

10 Balcon Lounge & Terrace
Karte T1 ▪ Southern Sun, Al Mina Street, Abu Dhabi ▪ tägl. 15 – 1 Uhr
Die Poolbar auf dem Dach bietet eine reizvolle Shisha-Auswahl.

🏆10 Restaurants

① Zuma

Gleich aus drei Küchen kommen in diesem schönen Restaurant aufwendige Köstlichkeiten der modernen japanischen Küche auf den Tisch. Probieren Sie Robata-Grillgerichte oder besuchen Sie die Sushi-Theke, die den traditionellen japanischen Izakaya-Stil des informellen Speisens feiert. Auch die Cocktails sind hier großartig *(siehe S. 95)*.

Im lebhaften Zuma

② Buddha Bar

Die Einrichtung des Restaurants mit panasiatischer Küche ist spektakulär: Den sanft beleuchteten Raum überblickt eine überaus imposante Buddha-Statue *(siehe S. 87)*.

③ Bord Eau

Das gehobene Restaurant in Abu Dhabis Shangri-La Hotel Qaryat Al Beri bietet feinste französische Küche – mit dem Überraschungsmenü macht man gewiss nichts

falsch. Neben einem sehr schönen Gastraum lockt auch eine Terrasse *(siehe S. 101)*.

④ Nusr-Et Steakhouse

Der türkische Metzger und Koch Nusret Gökçe erlangte weltweite Internetbekanntheit durch ein Instagram-Video, in dem er ein Steak schneidet und salzt. Sein Steakhaus in Dubai bietet reizvolles Ambiente, hervorragenden Service und eine ansprechend bodenständige Speisekarte, die das Herz eines jeden Fleischliebhabers höherschlagen lässt *(siehe S. 81)*.

⑤ COYA

Dieses preisgekrönte Lokal im Four Seasons Resort feiert das Erbe der Inkas mit einer Auswahl zeitgemäßer peruanischer Gerichte. Hauptinspiration ist die lebendige lateinamerikanische Kultur, doch sorgsam dosierte spanische, japanische und chinesische Akzente machen den Genuss noch aufregender *(siehe S. 81)*.

⑥ Eauzone

Abends speist man in dem Restaurant des One & Only Royal Mirage *(siehe S. 113)* besonders romantisch: in arabischen Zelten zwischen reizvoll beleuchteten Pools. Aus der Küche kommen beste panasiatische Gerichte – traditionell oder modern *(siehe S. 87)*.

Abendliches Eauzone

Tisch im Indego by Vineet

⑦ Indego by Vineet

In diesem eleganten Restaurant bereitet der indische Sternekoch Vineet Bhatia Köstlichkeiten zu, die von traditionell bis zu modern mit europäischem Touch reichen *(siehe S. 87)*.

⑧ Hoi An

Sowohl in Dubai als auch in Abu Dhabi findet sich im Shangri-La Hotel eine Filiale des Restaurants mit innovativer vietnamesischer und französischer Küche. Die holzvertäfelten Räume beschwören das koloniale Flair Französisch-Indochinas herauf *(siehe S. 75 & S. 101)*.

⑨ Rhodes Twenty10

Nach Rezepten des 2019 verstorbenen Starkochs Gary Rhodes entstehen moderne Variationen klassischer Inselküche, darüber hinaus gibt es eine Reihe exzellenter Gerichte mit nahöstlichen Einflüssen *(siehe S. 87)*.

⑩ Pai Thai

Gäste erreichen das direkt am Wasser gelegene Restaurant mit dem *abra*. Die atemberaubende Lage und das bezaubernde Ambiente sorgen für romantische Stunden. Zu den authentischen thailändischen Gerichten auf der Karte zählen tolle scharfe Currys *(siehe S. 81)*.

Orientalische Küche

1 Tagine
Das zauberhaft gestaltete Restaurant bietet marokkanische Küche *(siehe S. 87)*.

2 Zahrat Lebnan
Die Einwohner Abu Dhabis lieben dieses gute libanesische Restaurant *(siehe S. 95)*.

3 Zahr el Laymoun
Karte C6 ▪ Souk Al Bahar, Dubai ▪ +971 4 448 6060 ▪ tägl. 10 – 24 Uhr ▪ DD
Zu libanesischen Gerichten genießt man hier den Blick auf den Dubai Fountain.

4 Shabestan
Karte L2 ▪ Radisson Blu Hotel, Dubai Creek ▪ +971 4 205 7333 ▪ tägl. 12.30 – 15.30 & 19.30 – 23.30 Uhr ▪ DDD
Neben exzellenter iranischer Küche lockt der Blick auf den Dubai Creek.

5 Awtar
Karte E2 ▪ Grand Hyatt Dubai ▪ +971 4 317 2222 ▪ So – Fr 19.30 – 3 Uhr ▪ DDD
In diesem libanesischen Restaurant treten regelmäßig Bauchtänzerinnen auf.

6 Al Nafoorah
Genießen Sie libanesische Gerichte in gemütlichem Ambiente *(siehe S. 75)*.

7 Almaz by Momo
Karte T2 ▪ Galleria, Abu Dhabi ▪ +971 2 676 7702 ▪ tägl. 12 – 3 Uhr ▪ DD
Das marokkanische Café gehört Gastro-Ikone Mourad »Momo« Mazouz.

8 Bastakiah Nights
Die Tische stehen im Hof eines traditionellen Hauses in Al Fahidi *(siehe S. 19)*.

9 Atayeb
Yas Hotel, Yas, Abu Dhabi ▪ +971 2 656 0600 ▪ So – Fr 19 – 1 Uhr ▪ DD
Gäste können die landestypischen Speisen bei herrlichem Ausblick genießen.

10 Arabian Tea House
In einem hübschen Innenhof werden arabische Speisen serviert *(siehe S. 69)*.

Terrasse des Arabian Tea House

Preiskategorien siehe S. 63

TOP10 Shopping

Textilien auf dem Souk Al Bahar

① Souk Al Bahar
Der gegenüber der Dubai Mall am Kanal gelegene Souk bietet verschiedene arabische Boutiquen und Antiquitätenläden sowie eine gute Auswahl an Restaurants und Bars *(siehe S. 72)*.

② Mall of the Emirates
Dubais nobelste Shoppingmall beheimatet gut 520 Läden, darunter viele bekannte europäische Namen. Wer es eilig hat, sollte vor dem Besuch einen Blick auf die Website werfen und den Lageplan studieren *(siehe S. 79)*.

③ City Centre Mirdif
Karte E3 ▪ Sheikh Mohammed bin Zayed Road, Dubai ▪ +971 800 226 255 ▪ tägl. 10 – 22 Uhr (Do – Sa bis 24 Uhr) ▪ www.citycentremirdif.com
In der Mall warten Designerläden, Lokale und Unterhaltungsmöglichkeiten für Groß und Klein, z. B. ein Magic Planet wie in Deira *(siehe S. 44)* und ein schickes IMAX-Kino.

④ Dubai Festival City Mall
Karte E3 ▪ Al Rebat Street ▪ +971 800 332 ▪ tägl. 10 – 23 Uhr (Do – Sa bis 1 Uhr) ▪ www.dubaifestivalcitymall.com
Unter den rund 400 Läden der Mall am Wasser findet sich auch eine IKEA-Filiale. Zudem gibt es nette Freiluftrestaurants und eine Marina im Stil der französischen Riviera.

⑤ Marina Mall
Die große Mall in Abu Dhabi birgt über 300 Läden – neben bekannten Namen auch traditionelle arabische Händler für Parfum, Süßwaren und Mode – und schöne Cafés wie das Pariser Hediard *(siehe S. 91)*.

⑥ Wafi Mall
Hieroglyphen, Minipyramiden und Pharaonenstatuen zieren diese Mall voll schöner Boutiquen. Die Feinkostabteilung Wafi Gourmet lohnt einen Besuch *(siehe S. 68)*.

Mall of the Emirates

7 Abu Dhabi Mall

Die Läden in der eleganten Mall erstrecken sich über drei Etagen. Die breite Produktpalette reicht von Designermode über Elektronikartikel bis zu Wohnaccessoires *(siehe S. 94)*.

8 Ibn Battuta Mall

Diese Mall lohnt die weite Fahrt in die Emirates Hills: Sie vereint sechs thematisch unterschiedlich gestaltete Einkaufszonen unter einem Dach. Jede Zone präsentiert den Stil eines der Länder, die Ibn Battuta, der Marco Polo Arabiens, einst bereiste: China, Tunesien, Persien, Indien, Andalusien und Ägypten. Auch ein Kino mit 21 Sälen gibt es hier *(siehe S. 83)*.

Ibn Battuta Mall

9 The Galleria

Wer in Abu Dhabi edel shoppen will, ist hier goldrichtig. Auf drei Etagen reihen sich die schicksten Boutiquen internationaler Luxuslabels *(siehe S. 94)*.

10 Dubai Mall

Eine der weltweit größten Shoppingmalls liegt gleich neben dem höchsten Gebäude der Welt. Sie birgt nicht nur über 1000 Läden, sondern auch eine Eislaufbahn, ein Aquarium sowie einen riesigen Kino- und Unterhaltungskomplex. Die gut 150 Lokale reichen vom Edelrestaurant bis zum Schnellimbiss. Damit ist die Dubai Mall für Emiratis eher ein gesellschaftliches Zentrum als nur Konsumtempel *(siehe S. 73)*.

Souvenirs

Arabische *khanjars*

1 Kunsthandwerk
Typische arabische Kunsthandwerksartikel sind Kaffeekannen, traditionelle *khanjars* (Dolche) und mit Schnitzereien verzierte Holzschachteln.

2 Teppiche
In den Vereinigten Arabischen Emiraten verkaufen viele Läden Perserteppiche zu vergleichsweise günstigen Preisen. Feilschen wird übrigens erwartet.

3 Parfum
Besucher können sich aus arabischen Duftölen *(attar)* Parfums kreieren lassen.

4 Gold & Edelsteine
Gold ist in Dubai außerordentlich günstig, für Edelsteine – insbesondere Diamanten – muss man hingegen auch hier einiges an Geld hinlegen.

5 Krimskrams & Kitsch
Wecker in Form von Moscheen, Plüschkamele und der Burj Khalifa als Briefbeschwerer sind beliebte Souvenirs.

6 Gefakte Designerwaren
In Karama und Deira verkaufen viele Läden Imitationen von Designeraccessoires wie Handtaschen und Uhren.

7 Beduinenschmuck
Die traditionellen Armreife, Ketten und Ringe sind außergewöhnliche und in der Regel erschwingliche Souvenirs.

8 Musik-CDs
Wer mag, kann die Klänge des Nahen Ostens – von traditioneller Musik bis zu den Songs ägyptischer und libanesischer Popstars – mit nach Hause nehmen.

9 Arabische Pantoffeln
Mit einem Paar traditioneller Pantoffeln wird man zu Hause zum Aladdin.

10 Elektronikartikel
Der harte Wettbewerb unter den unzähligen Läden sorgt für Niedrigpreise.

🔟 Kostenlose Attraktionen

Scheich-Zayid-Moschee

❶ Movies Under the Stars
Karte E2 ▪ Wafi City, Oud Metha Road, Dubai ▪ +971 4 324 4100 ▪ www. pyramidsrestaurantsatwafi.com
Von Oktober bis Mai werden sonntags um 20.30 Uhr auf der bezaubernden Dachterrasse der Wafi Mall *(siehe S. 68)* Filme unter freiem Himmel gezeigt. Der Eintritt ist frei.

❷ Museen
Die Museen in Dubai und Abu Dhabi verlangen generell nicht viel Eintritt, ganz gratis zu besichtigen sind das Kaffeemuseum *(siehe S. 18)*, das Heritage House *(siehe S. 59)*, die Al-Ahmadiya-Schule *(siehe S. 59)*, das Traditional Architecture Museum *(siehe S. 67)* und das Heritage Village in Abu Dhabi *(siehe S. 92)*.

Im Kaffeemuseum

❸ Scheich-Zayid-Moschee
Die prächtige Moschee in Abu Dhabi kann man kostenlos besichtigen und auch die Führungen sind gratis *(siehe S. 28f)*.

❹ Dubai Trolley
In Frühjahr, Herbst und Winter muss man für Fahrten mit der historisch gestalteten Straßenbahn durch Downtown Dubai von 17 bis 1 Uhr nichts zahlen. Auf dem offenen oberen Deck kann man die Aussicht bei kühlender Brise genießen.

❺ Kunstgenuss
In Dubais zahlreichen Kunstgalerien kann man Werke von renommierten Künstlern aus dem Nahen Osten und dem Rest der Welt kostenlos bestaunen *(siehe S. 38f)*.

❻ Shoppingmalls
Auch wenn man nichts kauft, lohnen die prächtigen Shoppingmalls in Dubai und Abu Dhabi den Bummel. Besonders sehenswert sind die extravagante Ibn Battuta Mall *(siehe S. 83)* und die luxuriöse Mall of the Emirates *(siehe S. 79)*, die Blick auf die schneebedeckten Pisten von Ski Dubai *(siehe S. 77)* samt den dort lebenden Pinguinen bietet.

7 **Spaziergänge am Wasser**

Wer den Dubai Creek *(siehe S. 16f)* in Bur Dubai entlangspaziert, erblickt einige der bedeutendsten Sehenswürdigkeiten der Stadt. In Abu Dhabi genießt man bei einem Bummel auf der Corniche *(siehe S. 90)* herrliche Ausblicke.

8 **Strände**

Der öffentliche Sandstrand an der Dubai Marina *(siehe S. 84)* ist für seine guten Wassersportmöglichkeiten beliebt. In Abu Dhabi erstreckt sich an der Corniche ein öffentlicher Strand *(siehe S. 90)*.

9 **Naturschutzgebiet Ras Al Khor**

Die Landschaft des Naturschutzgebiets bildet einen starken Kontrast zu den Wolkenkratzern ringsum. Von Unterständen aus kann man Flamingos und andere Vögel beobachten. Gebühren fallen nur für Gruppen ab zehn Personen an *(siehe S. 72)*.

Naturschutzgebiet Ras Al Khor

10 **Dubai Fountain**

Der gigantische Brunnen befindet sich in der Mitte des Sees, der den Burj Khalifa umgibt. Die allabendlich und oft auch nachmittags stattfindenden Wasserspiele sind ein eindrucksvolles Spektakel, das man von der breiten Uferpromenade aus ganz kostenlos beobachten kann *(siehe S. 71)*. Die von dramatischer Musik begleiteten Vorführungen sollte man nicht versäumen.

Festivals & Veranstaltungen

Dubai Shopping Festival im Winter

1 Dubai Marathon
Jan ▪ www.dubaimarathon.org
Die Standard Chartered Bank sponsert den Marathon, der durch die Stadt führt.

2 Dubai Duty Free Tennis Championships
Karte E2 ▪ Dubai Tennis Stadium, Al Garhoud ▪ Feb/März ▪ www.dubai dutyfreetennischampionships.com
Hier treten nur Top-Spieler an.

3 Dubai World Cup
Karte D3 ▪ Meydan City, Dubai ▪ Ende März ▪ www.dubaiworldcup.com
Das Pferderennen ist höchstdotiert.

4 Art Dubai
Karte C2 ▪ Madinat Arena, Dubai ▪ März ▪ www.artdubai.ae
Die Messe zeigt Kunst der Gegenwart.

5 Dubai International Jazz Festival
Karte B2 ▪ Dubai Media City ▪ März ▪ www.dubaijazzfest.com
Große Namen locken viel Publikum an.

6 Omega Dubai Desert Classic
Karte B2 ▪ März ▪ www.dubaidesert classic.com
Das Golfturnier hat Renommee.

7 Abu Dhabi Desert Challenge
April ▪ www.abudhabidesert challenge.com
Die Wüstenrallye dauert vier Tage.

8 Dubai International Film Festival
Karte C2 ▪ Madinat Jumeirah ▪ Dez ▪ www.dubaifilmfest.com
Eine Woche voller Filme und Galas!

9 Global Village
Karte C3 ▪ Dubailand, Emirates Road ▪ Dez – Feb ▪ www.globalvillage.ae
Ein Basar verströmt hier Multikulti-Flair.

10 Dubai Shopping Festival
Dez – Feb ▪ www.mydsf.ae
In der ganzen Stadt locken neben dem Shopping auch unterhaltsame Shows.

TOP 10 Ausflüge & Touren

❸ Hatta
105 km südöstl. von Dubai ▪ Heritage Village: Sa – Do 8 –19.30 Uhr, Fr 15 – 21 Uhr

In der friedlichen Oasenstadt lohnt vor allem das Heritage Village einen Besuch. In den Bergen laden die kristallklaren Hatta Rock Pools zum Schwimmen ein.

❹ Al Ain
160 km südl. von Dubai ▪ Al Ain Palace Museum: +971 3 711 8388 ▪ Jahili Fort: neben Al Ain Rotana Hotel ▪ Kamelmarkt: an der Grenze zu Buraimi

Die grüne, auch als Garden City bekannte Stadt beheimat das Al Ain Palace Museum, einen lebhaften Kamelmarkt und das Jahili Fort.

❶ Wonder Bus Tour
+971 4 359 5656 ▪ www.wonderbusdubai.net

Die einstündige Rundfahrt führt zunächst nach Al Shindagha im Stadtteil Bur Dubai, dann geht es mit den Amphibienfahrzeugen auf dem Dubai Creek durch die Altstadt.

❷ Liwa-Oase
200 km südl. von Abu Dhabi

Direkt neben goldenen, bis zu 100 Meter hohen und gänzlich kahlen Dünen florieren Dattelfarmen – ein toller Anblick *(siehe S. 32).*

Goldene Dünen nahe der Liwa-Oase

Tongefäß im Heritage Museum von Sharjah

❺ Sharjah
10 km nordöstl. von Dubai ▪ Sharjah Art Museum: +971 6 568 8222 ▪ Heritage Museum: +971 6 568 0006 ▪ Archäologisches Museum: +971 6 566 5466

Nach einem Besuch von Sharjah Art Museum, Heritage Museum und Archäologischem Museum locken die Souks von Sharjah, wo man ausgiebig bummeln und Souvenirs kaufen kann.

Berglandschaft, Halbinsel Musandam

⑥ Halbinsel Musandam
193 km nordöstl. von Dubai
■ Khasab Travel & Tours: +971 4 266 9950; www.khasabtours.com

Die nördliche Enklave mit imposanten Klippen und zerklüfteter Küste gehört zum Oman (Visa werden an der Grenze erteilt). Tagestouren auf *dhows* führen in die Fjorde.

⑦ Fujairah
130 km östl. von Dubai

Die Fujairah-Küste besteht aus Korallenriffen und von Forts und Wachtürmen gekrönten Hügeln. Die 1670 erbaute Festung Fujairah ist die älteste der VAE.

⑧ The Yellow Boats
www.theyellowboats.com

Auf den Bootsfahrten entlang der Küste eröffnen sich herrliche Ausblicke auf das moderne Dubai. Die Touren beginnen im Yachthafen. Sie führen vorbei an Wolkenkratzern, an Atlantis, The Palm, an Palm Jumeirah und am Burj Al Arab.

⑨ Bidiya
38 km nördl. von Fujairah
■ Moschee: nur geführte Besuche außerhalb der Gebetszeiten

Die 1446 aus Lehmziegeln, Stein und Gips erbaute Moschee des Fischerdorfs – ein restaurierter Bau mit vier kleinen, auf einer Mittelsäule ruhenden Kuppeln – ist die älteste der Vereinigten Arabischen Emirate.

Moschee in Bidiya

⑩ Touren durch Al Fahidi
Sa 9 Uhr, Di & Do 10.30 Uhr

Das Sheikh Mohammed Centre for Cultural Understanding *(siehe S. 18)* bietet geführte Touren durch Al Fahidi. Auf den 90-minütigen Spaziergängen erhalten Sie neben fundierten Informationen über den Stadtteil die seltene Gelegenheit, die Diwan-Moschee zu besichtigen. Auch eventuelle Fragen werden beantwortet.

Stadtteile

Wolkenkratzer säumen die eindrucksvolle Dubai Marina

TOP10 Deira

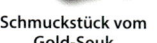

Der Name Deira bezeichnet das Geschäftszentrum am nördlichen Abschnitt des Dubai
Creek, wo Dubais Handel seinen Ursprung
hat. Der Kontrast zwischen den traditionellen *dhows* am Pier und den Fassaden
der modernen Wolkenkratzer fasziniert.
Die Fracht der *dhows* wird größtenteils in
die Souks und Shoppingviertel von Deira
geliefert. In dem Stadtteil befinden sich
Dubais schönste Basare: der Gold-Souk,
der Gewürz-Souk und der Deira-Souk.

Schmuckstück vom
Gold-Souk

Dank eines Schutzprogramms der Stadt-
verwaltung sind historische Bauten wie die Al-Ahmadiya-
Schule und das Heritage House bis heute verblieben.

---

1 TOP10-Attraktionen
siehe S. 59–61

1 Restaurants
siehe S. 63

1 Cafés & Bars
siehe S. 62

Innenhof, Heritage House

1 Heritage House
Karte K1 ▪ Al Khor Street ▪ +971 800 33222 ▪ wegen Renovierung geschl. ▪ www.dubaiculture.gov.ae

Das wundervoll restaurierte Anwesen aus den 1890er Jahren hat zehn Zimmer, jedoch keinen Windturm. Stattdessen weht die Brise vom Dubai Creek durch die offenen Türen und Fenster des Obergeschosses. Ein Museum widmet sich der Geschichte des Emirats. Die Zimmer sind im historischen Stil eingerichtet und mit Dioramen versehen. Touchscreens liefern Informationen.

2 Al-Ahmadiya-Schule
Karte K1 ▪ Al Khor Street ▪ +971 800 33222 ▪ wegen Renovierung geschl. ▪ www.dubaiculture.gov.ae

Dubais erste Schule gründete 1912 ein Perlenhändler und Philanthrop. Unterrichtet wurden Mathematik, der Koran und arabische Kalligrafie. Die Jungen saßen auf Palmenmatten am Boden. In den Küstenstädten der Emirate gründete man mit der Unterstützung führender Händler und Scheichs viele solcher Schulen. 1963 wurde die Al-Ahmadiya-Schule geschlossen. Nun birgt das Haus ein Museum zur Geschichte der Schule. Allein die Architektur des Gebäudes ist sehenswert.

3 Fisch-Souk
Karte L1

Ein Besuch dieses traditionellen Markts am nördlichen Ende von Deira gibt Einblick in die Esskultur der Vereinigten Arabischen Emirate. Fischhändler bieten hier fangfrisch Barrakuda, Garnelen und Hammour an, in anderen Sektionen finden sich Metzger mit allerlei Fleischwaren sowie Dutzende Stände mit einer riesigen Auswahl an Obst und Gemüse. Ein eigener Bereich dient allein dem Verkauf verschiedenster Dattelsorten aus der Region. Für Besucher sind die exotischen Düfte und das bunte Markttreiben überaus faszinierend *(siehe S. 27)*.

4 Emirates National Bank of Dubai
Karte K3 ▪ Baniyas Road

Die Nationalbank zählt zu den ältesten architektonischen Wahrzeichen von Dubai. Das von einer traditionellen *dhow* inspirierte Design entwarf Mitte der 1990er Jahre Carlos Ott, der Architekt der Pariser Opéra de la Bastille. Die gebogene Schürze aus Glas symbolisiert ein gebhltes Segel, die grüne Glasverkleidung am Fuß des Baus erinnert an Wasser, das Aluminiumdach an einen Schiffsrumpf. In der Abendsonne glitzert der Bau besonders schön.

Emirates National Bank of Dubai

Dubai Creek Golf & Yacht Club

⑤ Dubai Creek Golf & Yacht Club

Karte K6 ▪ Al Garhoud ▪ +971 4 295 6000 ▪ www.dubaigolf.com

Das von Grünanlagen umgebene, hohe weiße Gebäude, das an das Segel einer *dhow* erinnert, ist von der Al-Maktoum- und von der Al-Garhoud-Brücke aus zu sehen. Der Turniergolfplatz ist das Herzstück des weitläufigen Freizeitkomplexes, der auch eine Marina mit 115 Ankerplätzen umfasst. Zum separaten Yachtclub gehören sowohl das Restaurant Aquarium als auch das auf Stelzen stehende Boardwalk *(siehe S. 63)* – eines der beliebtesten Freiluftlokale Dubais, das vor allem abends, wenn die beleuchteten *dhows* vorbeiziehen, eine herrliche Aussicht auf den Dubai Creek bietet.

⑥ Parfum-Souk

Karte K1

Die Läden, die östlich des Gold-Souk die Sikkat Al Khail Street säumen, sind gemeinhin als Parfum-Souk

bekannt. Die Produktpalette umfasst internationale und hiesige Marken; besonders faszinierend sind Düfte mit der traditionellen, aus Räucherholz *(oud)* des Adlerholzbaums gewonnenen Note. Die geschliffenen Fläschchen sind hübsche Souvenirs. Kunden können sich auch eigene Düfte kreieren lassen *(siehe S. 27)*.

> **Deiras Geschichte**
>
> Liberale Handelsbestimmungen legten den Grundstein Deiras, das bereits Anfang des 20. Jahrhunderts die größten Souks der arabischen Küste beherbergte. Nachdem 1902 in Lingah hohe Zölle eingeführt worden waren, zogen viele persische Händler nach Deira. Sie treiben bis heute – wie viele andere *dhows* auf dem Creek – Handel mit Lingah.

⑦ Gewürz-Souk

Karte K1

Der stimmungsvolle Souk verspricht eine sinnliche Reise in die Vergangenheit. In einem Labyrinth enger Gassen reihen sich kleine Läden mit duftenden Gewürzen aneinander. Es gibt Säcke voller Zimtstangen, Weihrauch, Kreuzkümmel, Koriander und *oud* (Räucherholz). Räucherwerk mit Utensilien, Sets für Hennamalerei, Safran und Rosenwasser eignen sich prima als Souvenir *(siehe S. 27)*.

Angebot auf dem Gewürz-Souk

Gold-Souk
Karte K1

So viel Gold wie in Dubais altem
Gold-Souk ist vermutlich an keinem
anderen Ort der Welt zu sehen. Der
Souk unter traditionellen arabischen
Arkaden mit gewölbtem Holzdach
wird seit über 100 Jahren von indischen und iranischen Goldschmie-
den und Händlern dominiert, bietet
aber auch Schmuck westlichen Stils
(siehe S. 26).

 Deira-Souk
Karte K1

Der sowohl von Emiratis wie auch
hier ansässigen Ausländern gern
besuchte Markt vermittelt einen Eindruck vom kulturellen Schmelztiegel
Dubai. In den Läden gibt es alles –
von bunten indischen Gewändern bis
zu Küchengeräten (siehe S. 26).

Deira-Souk

 Dhow-Werft
Karte K4 ■ Baniyas Road

Am Pier entlang der Baniyas Road
kann man einen näheren Blick auf
die bemalten hölzernen *dhows* werfen: Die traditionellen Segelschiffe,
die bis heute auf dem Golf verkehren, liegen hier vor Anker. *Dhows*
segelten ab den 1830er Jahren aus
Ländern wie Pakistan und Sudan
nach Dubai, inzwischen transportieren sie moderne Errungenschaften
wie Kühlschränke, Klimaanlagen
und Elektronikgeräte.

Spaziergang

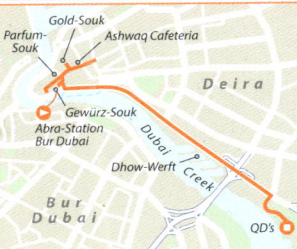

▶ **Nachmittags**

Starten Sie erst gegen 16.30 Uhr,
wenn die Läden der Souks nach
dem Gebet wieder öffnen und die
Temperaturen angenehmer sind.
Steigen Sie an der **Abra-Station
Bur Dubai** in ein Boot und setzen
Sie zur Station Deira Old Souk
über. Eine Unterführung unter
der Baniyas Road bringt Sie zum
Eingang des **Gewürz-Souk**. Dort
können Sie entspannt durch die
dufterfüllten Gassen schlendern.
Verlassen Sie den Souk an der
Al Abra Street, biegen Sie rechts
in die Al Ras Street, die Sie zur
Sikkat Al Khail Street führt, und
vor Ihnen liegt der Eingang zum
Gold-Souk mit seinen Säulen-
gängen. Hier gibt es mehr als
300 Schmuckläden – die meisten
akzeptieren Kreditkarten. Spazieren Sie durch die Gassen und
kehren Sie in einem der Cafés
ein, bevor Ihr Weg Sie weiterführt
zum kleinen **Parfum-Souk** (siehe
S. 27), dessen Ladenfenster Fla-
kons mit schweren Düften füllen.

Abends

Wenn Sie langsam Hunger ver-
spüren, gehen Sie auf der Sikkat
Al Khail Street bis zur **Ashwaq
Cafeteria** (+971 4 226 1164),
einem netten bodenständigen
Café mit Terrasse, das u. a. lecke-
re *shawarma* serviert. Spazieren
Sie dann zur **Dhow-Werft** am
Dubai Creek. Für einen entspann-
ten Ausklang des Tages machen
Sie sich auf zum Dubai Creek Golf
& Yacht Club, wo Sie z. B. im **QD's**
(siehe S. 62) den einen oder ande-
ren Cocktail genießen können.

Siehe Karte S. 58

Cafés & Bars

1 YUM!
Karte L2 ■ Radisson Blu Hotel
■ +971 4 222 7171 ■ tägl. 12 – 23 Uhr
■ D
Die Gerichte der unter dem Motto
»Live Fast: Eat Fast« arbeitenden
Nudelküche sind von Ländern des
Fernen Osten inspiriert.

2 Aroos Damascus
Karte L3 ■ Al Muraqqabat Road
■ +971 4 221 3673 ■ tägl. 7 – 3 Uhr ■ D
Das Café serviert perfekt zubereitete
mezze, Grillgerichte und Seafood.
Das alles genießt man am besten
auf der hübschen Terrasse.

3 Creekside
Karte K3 ■ Sheraton Dubai
Creek ■ +971 4 207 1750 ■ tägl. 18.30 –
23 Uhr ■ DD
Die Fischgerichte werden auf japanische Art zubereitet. Der Ausblick auf
den Dubai Creek ist wunderschön.

Creekside

4 Pappa Roti
Karte L5 ■ City Centre Deira
■ +971 4 299 9266 ■ tägl. 9 – 23 Uhr
(Fr & Sa bis 24 Uhr) ■ D
Mit knusprigen süßen Brötchen,
ausgefallenen Heißgetränken und
erfrischenden Säften sind die Cafés
der beliebten Kette ein ideales Ziel
für die kleine Rast beim Shoppen
oder beim Erkunden der Stadt.

5 QD's
Karte K6 ■ Dubai Creek Golf &
Yacht Club ■ +971 4 295 6000 ■ tägl.
17 – 2 Uhr ■ DD
Die schöne Holzterrasse am Dubai
Creek ist ein toller Ort für den ent-
spannten Sundowner. Im *majlis* kann
man bei Livemusik Shisha rauchen.

6 Paul
Karte E2 ■ City Centre Deira
■ +971 4 295 8404 ■ tägl. 9 – 23 Uhr
■ DD
Die französische Brasserie ist sehr
beliebt, vor allem wegen der Sandwiches, Salate und Eggs Benedict.

7 Cielo Sky Lounge
Karte K6 ■ Dubai Creek Golf &
Yacht Club ■ +971 4 416 1800 ■ Fr 16 –
3 Uhr, Sa – Do 18 – 3 Uhr ■ DD
Ob Sie nur einen Sonnenuntergangs-
drink nehmen oder eine Partynacht
erleben möchten – die Terrassenbar
mit herrlichem Blick auf die Skyline
von Dubai ist der rechte Ort.

8 Irish Village
Karte E2 ■ Al Garhoud ■ +971 4
282 4750 ■ tägl. 11 – 1 Uhr (Do & Fr bis
2 Uhr) ■ DD
Bei ein oder zwei Pints und einer in
Guinness-Bierteig gebackenen Por-
tion Fish and Chips fühlt man sich in
diesem Pub fast wie in Irland. Vor
der Tür stehen einladende Bänke.

9 Belgian Beer Café
Karte E3 ■ Crowne Plaza, Dubai
Festival City ■ +971 4 701 1127 ■ tägl.
12 – 2 Uhr ■ DD
Dubais Expats lieben das »BBC« für
seine gemütliche Atmosphäre und
die große Auswahl an belgischen
Bieren und Gerichten.

10 Eclipse Bar
Karte E3 ■ InterContinental,
Dubai Festival City ■ +971 4 701 1111
■ tägl. 18 – 2 Uhr ■ DD
Der Blick auf den Dubai Creek und
die Sheikh Zayed Road von der Hotelbar im 26. Stock ist fantastisch.

Restaurants

① The China Club
Karte L2 ■ Radisson Blu Hotel
■ +971 4 205 7033 ■ tägl. 12.30 – 15 &
19.30 – 23 Uhr ■ DD

Das schicke Lokal im orientalischen
Stil bietet Dim Sum und andere chinesische Spezialitäten.

The China Club

② Table 9
Karte L3 ■ Hilton Dubai Creek,
Baniyas Street ■ +971 4 212 7551
■ tägl. 18.30 – 24 Uhr ■ DDD

In dem edlen, von zwei Briten gegründeten Restaurant genießt man
tolle Gerichte und elegantes Flair.

③ Thai Kitchen
Karte E2 ■ Park Hyatt, Dubai
Creek Golf & Yacht Club ■ +971 4 602
1814 ■ tägl. 19 – 24 Uhr, Fr auch 12.30 –
16 Uhr ■ DD

Sehen Sie den Köchen bei der Arbeit
zu, während Sie z. B. kleine Degusta-
tionsportionen der verschiedenen
Köstlichkeiten genießen.

④ Blue Elephant
Karte E2 ■ Al Bustan Rotana,
Al Garhoud Road ■ +971 4 282 0000
■ tägl. 12 – 15.30 & 19 – 24 Uhr ■ DD

Das thailändische Restaurant lockt
mit guter Küche und nettem Service.

⑤ Cheesecake Factory
Karte E2 ■ Dubai Festival City
Mall ■ +971 4 419 0874 ■ tägl. 10 –
23 Uhr (Do – Sa bis 24 Uhr) ■ DD

Hier gibt es nicht nur eine einzigar-
tige Auswahl köstlicher Käsekuchen,

> **Preiskategorien**
> Preis für ein Drei-Gänge-Menü pro Person
> mit einer halben Flasche Wein, inkl. Steuern
> und Service.
>
> D unter 100 AED   DD 100 – 400 AED
> DDD über 400 AED

in dem freundlichen Lokal werden
auch sehr gute herzhafte Gerichte in
ordentlichen Portionen serviert.

⑥ Glasshouse Brasserie
Karte L3 ■ Hilton Dubai Creek,
Baniyas Street ■ +971 4 227 1111
■ tägl. 7 – 22.30 Uhr ■ DD

Die leckeren Gerichte des hellen
Restaurants freuen Gaumen und
Seele und sind ideal für ein zwang-
loses Mittag- oder Abendessen.

⑦ Traiteur
Karte E2 ■ Park Hyatt, Dubai
Creek Golf & Yacht Club ■ +971 4 602
1814 ■ tägl. 18 – 24 Uhr, Fr auch 12.30 –
16 Uhr ■ DDD

Das Ambiente ist schick modern, die
Küche klassisch europäisch und gut.

⑧ Boardwalk
Karte E2 ■ Dubai Creek Golf &
Yacht Club ■ +971 4 295 6000 ■ tägl.
8 – 24 Uhr ■ DD

Die Holzterrasse am Wasser bietet
schönen Blick auf den Creek – vor
allem abends. Dazu gibt es mediter-
rane und östlich inspirierte Gerichte.

⑨ Anise
Karte E3 ■ InterContinental,
Dubai Festival City ■ +971 4 701 1131
■ tägl. 18.30 – 23.30 Uhr ■ DD

Nach etwas Shopping in der Dubai
Festival City Mall schmecken hier
Speisen aus aller Welt.

⑩ Nomad
Karte E2 ■ Jumeirah Creekside
Hotel, Al Garhoud ■ +971 4 230 8572
■ tägl. 6.30 – 24 Uhr ■ DD

In aufregendem Dekor werden Gäste
des schönen Restaurants mit toller
internationaler Küche verwöhnt.

Siehe Karte S. 58

TOP10 Bur Dubai

Wo heute Hotels, Wohnanlagen und Bürogebäude dominieren, gab es vor rund 100 Jahren nur Sand und vereinzelte Barasti- und Windturmhäuser. Einen Eindruck vom alten Bur Dubai vermittelt das längs des Dubai Creek gelegene historische Viertel Al Fahidi. Hier stehen noch traditionelle Häuser und auch die imposante Al-Fahidi-Festung, die heute das Dubai Museum birgt. Im denkmalgeschützten Al Shindagha an der Mündung des Creek begann einst Dubais Entwicklung zur kosmopolitischen Handelsstadt. Die Souks von Bur Dubai zeugen davon.

Vertäfelung (Detail) im Traditional Architecture Museum

TOP10-Attraktionen
siehe S. 65 – 67

Restaurants & Cafés
siehe S. 69

Shopping
siehe S. 68

1 Crossroads of Civilization

Karte J1 ■ Al Khaleej Road ■ +971 4 393 4440 ■ So – Fr 9 –18 Uhr ■ Eintritt ■ www.themuseum.ae

Seltene Artefakte aus dem Nahen Osten entführen Besucher des kleinen Museums auf eine Zeitreise vom antiken Mesopotamien bis in die osmanische Zeit. Zu den Glanzstücken zählen Masken ägyptischer Mumien, Skulpturen aus dem Reich der Sumerer und ein Fragment der von Süleyman I. im Jahr 1543 gestifteten *kiswa* – das Tuch, mit dem einst die *kaaba* in der Großen Moschee in Mekka umhüllt wurde.

2 Dubai Museum & Al-Fahidi-Festung

Die imposante Al-Fahidi-Festung wurde 1788 als Dubais Hauptverteidigungsanlage errichtet. Sie diente seither als Gefängnis und als Herrscherresidenz. Das Bauwerk beherbergt heute das interessante Dubai Museum, das einen Überblick über die Geschichte des Emirats bietet. Besucher können durch einen Souk der 1950er Jahre spazieren, eine Oase mit *falaj* (Bewässerungskanal) sehen, etwas über die Wüste bei Nacht lernen oder eine traditionelle Hütte aus *barasti* (Palmwedeln) besichtigen *(siehe S. 14f)*.

3 Iranische Moschee

Karte J1 ■ Zutritt nur für Muslime

Die Moschee in einer Gasse beim Textil-Souk *(siehe S. 66)* bezaubert durch ihren

Tür der Iranischen Moschee

traditionell persischen Stil. Die Fassade ist komplett mit *Girih*-Kacheln bedeckt, wobei hübsche Rankenmuster und Blumenmotive in Gelb und Grün die großen tiefblau glasierten Flächen durchbrechen.

4 Diwan

Karte K2 ■ bei Al Fahidi am Dubai Creek

Der sandfarbene Bau mit den imposanten Windtürmen steht am Dubai Creek nahe der Großen Moschee. Die Eisentore verweisen auf seine Bedeutung: Der Diwan (persisch für Versammlung) ist Gerichtshof und Amtssitz der höchsten Beamten. Auch Scheich Mohammed, der Herrscher von Dubai, hat in dem Gebäude seine Büros.

Diwan

5 Al Fahidi

Eines der ältesten und stimmungsvollsten Viertel von Dubai – enge Gassen und sorgsam restaurierte traditionelle Gebäude – lädt zu Spaziergängen ein. Viele der Häuser besitzen Windtürme – Vorläufer der Klimaanlage. Die beste Zeit, Al Fahidi zu besuchen, ist spätnachmittags, wenn die Gebäude in goldenes Licht getaucht sind. Die Gegend ist inzwischen ein kulturelles Zentrum der Stadt. Viele Häuser werden als Kunstgalerien und Cafés genutzt *(siehe S. 18f)*.

Teppiche auf dem Textil-Souk

6 Heritage Village & Diving Village

Karte K1 ■ Al Shindagha ■ +971 4 515 5000 ■ So–Do 8–20 Uhr, Fr, Sa 15–22 Uhr

Dieser Mikrokosmos aus Dubais kultureller Vergangenheit liegt nahe der Mündung des Dubai Creek im denkmalgeschützten Viertel Al Shindagha. In dem spannenden Museum gehen Töpfer und Weber ihrem jahrhundertealten Handwerk nach. Besucher können ein Beduinendorf, Handwerksstätten und Waffen bestaunen, auf Kamelen reiten und traditionelle Kochkünste würdigen. Das Diving Village widmet sich Dubais Perlentaucher- und Seefahrtsgeschichte. Es zeigt u. a. *dhows* und alte Schwarz-Weiß-Fotos.

Exponat im Heritage Village

Stammsitz der Al Maktoums

Die Herrschaft der Al-Maktoum-Familie über Dubai begann 1833 mit Scheich Maktoum bin Buti, der sich mit rund 800 Leuten vom Stamm Al Bu Falah in Abu Dhabi getrennt hatte *(siehe S. 36)* und in Al Shindagha ansiedelte. Der Standort war klug gewählt – der Handel und Dubais Perlentaucher- und Fischereigewerbe entwickelten sich schnell.

7 Textil-Souk

Karte K1

Der Souk beginnt am Ufer des Dubai Creek an der Abra-Station Deira Old Souk. Er ist mit einem imposanten Holzgewölbe überdacht. Der Markt verbindet Historie und Gegenwart – Geldwechsler und Billigkleidung findet man hier ebenso wie Stoffe, arabische Pantoffeln und diverse Kuriositäten. Auf dem Souk gibt es viel zu entdecken. Viele Schneider arbeiten noch mit altmodischen Nähmaschinen. In den umliegenden Gassen finden sich vereinzelt traditionelle Wohnhäuser mit hölzernen Balkonen und Sprossenfenstern wie auch einige Windtürme *(siehe S. 27)*.

8 Hindi Lane

Karte K1

Die von den Einheimischen als »Hindi Lane« bezeichnete Gasse verläuft hinter dem Textil-Souk und wird von den meisten Urlaubern schlicht übersehen. Der bezaubernde kleine Straßenzug ist eine indische Enklave: Nette kleine Läden verkaufen hier Poster mit religiösen Motiven, Blumengirlanden und traditionelle Schmuckstücke *(bindis)*, die als Stirnzeichen getragen werden. Im oberen Stockwerk eines der Häuser befindet sich ein kleiner Gurdwara – Gebetsstätte der Sikhs.

⑨ Traditional Architecture Museum

Karte J1 ▪ Al Shindagha ▪ So–Do
8–14 Uhr ▪ +971 4 353 1862 ▪ www.
dubaiculture.gov.ae

Das Haus gehörte einst Scheich
Juma Al Maktoum, heute widmet
sich hier ein Museum der traditio-
nellen Architektur Dubais und der
Vereinigten Arabischen Emirate.
Präsentiert werden verschiedene
Materialien – Stein, Korallengestein,
Lehm und Gips – und typische Bau-
techniken. Dioramen zeigen Bau-
arbeiter bei ihrer Tätigkeit.

⑩ Sheikh Saeed Al Maktoum House

Karte J1 ▪ Al Shindagha ▪ +971 4 393
7139 ▪ Sa–Do 8–20.30 Uhr, Fr
15–21.30 Uhr ▪ Eintritt

Das 1896 aus Korallengestein, Kalk-
stein und Sandputz erbaute Haus
gehörte Dubais ehemaligem Herrscher, der es bis zu seinem Tod im
Jahr 1958 bewohnte. Seit 1986 dient
es als Museum, das Fotos, Münzen,
Briefmarken und Dokumente zeigt.
Allein das Gebäude mit seinen vier
Windtürmen und den Veranden ist
sehenswert. Fotos aus den 1950er
bis 1980er Jahren belegen die ra-
sante Entwicklung der Stadt. Kopien
der ersten Erdölförderverträge mit
internationalen Firmen gewähren
Einblicke in den »Ölrausch«.

Sheikh Saeed
Al Maktoum
House

Spaziergang

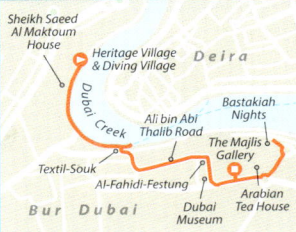

▶ Vormittags

Beginnen Sie Ihre Tour um 10 Uhr
im **Heritage Village**, wo man viel
über Emirati-Handwerk erfährt.
Das **Diving Village** informiert
über die Geschichte der Perlen-
industrie in Dubai. Für eine Pause
bieten sich die Lokale am Ufer an,
die erfrischenden Zitronensaft
mit Minze bieten. Dann geht es
an die Erkundung des restlichen
denkmalgeschützten Viertels Al
Shindagha, wozu auch ein Besuch
des **Sheikh Saeed Al Maktoum
House** gehört.

Wenn Sie am Ufer des Dubai
Creek weitergehen, gelangen Sie
zum **Textil-Souk**. Bummeln Sie
an den Ständen entlang und werfen Sie dabei auch einen Blick in
die Gassen, die renovierte Windtürme und kleine Schneidereien
bergen. Am Ende des überdach-
ten Teils des Souk gehen Sie nach
links in Richtung Dubai Creek –
dort hat man einen herrlichen
Blick auf Deiras Gewürz-Souk
(siehe S. 60) – und weiter über die
Ali bin Abi Thalib Road zur **Al-
Fahidi-Festung** mit dem **Dubai
Museum**, in dem man gut und
gern ein bis zwei informative
Stunden verbringen kann.

Nachmittags

Wenn Sie der Al Fahidi Street fol-
gen, können Sie im **Arabian Tea
House** *(siehe S. 69)* ein spätes
Mittagessen genießen, bevor Sie
noch ein wenig durch das Viertel
Al Fahidi schlendern. Sowohl das
Restaurant **Bastakiah Nights**
(siehe S. 69) als auch **The Majlis
Gallery** *(siehe S. 38)* sind dabei
einen Besuch wert.

Siehe Karte S. 64 ←

Shopping

Burjuman Mall

1 Burjuman Mall
Karte J3 ■ Trade Centre Road
■ +971 4 352 0222 ■ tägl. 10 – 23 Uhr
■ www.burjuman.com
Exklusive Läden verkaufen hier
Designermode und Accessoires.

2 Jashanmal »Around the World«
Karte J3 ■ Burjuman Mall ■ +971 4 325
4698 ■ tägl. 10 – 22 Uhr (Do & Fr bis
23 Uhr)
Mit Taschen, Koffern und Accessoires verschiedener Marken bietet
der Laden Reisenden bestmögliche
Ausstattung.

3 Meena Bazaar
Karte J2 ■ Al Fahidi Street
■ tägl. 9 – 22 Uhr
In diesem Gassengewirr liegen
kleine Läden für Textilien, Schmuck
und allerlei Kunsthandwerk. Mehrere indische Lokale versorgen
Besucher mit leckeren Snacks.

4 Wafi Gourmet
Karte H5 ■ Wafi Mall ■ +971 4
324 4433 ■ tägl. 10 – 22 Uhr (Do & Fr bis
24 Uhr)
Hier locken Fässer voller Oliven und
Datteln, Kisten mit libanesischer
Zuckerbäckerei, viele arabische
Käsesorten und diverse Süßigkeiten.

5 Al Satwa
Karte E2
In dem für Stoffhändler, Schneider
und indisches Naschwerk bekannten
Viertel kaufen Einheimische ein.

6 Wafi Mall
Karte E2 ■ Wafi City, Oud Metha
Road ■ +971 4 324 4555 ■ tägl. 10 –
22 Uhr (Fr, Sa bis 24 Uhr) ■ www.wafi.
com
Der etwas kitschige Bau in Form
einer ägyptischen Pyramide ist ein
echtes Paradies für Modefans.

7 Textil-Souk
Das Sortiment der kleinen
Läden und Stände auf dem schön
restaurierten alten Markt reicht von
Stoffen über Schuhe und Billigklei-
dung bis zu Kuriositäten *(siehe S. 66)*.

8 Karama-»Souk«
In dem Shoppingareal sind
arabisches Kunsthandwerk, Souvenirs und gefakte Designerware
preiswert zu haben *(siehe S. 27)*.

9 Computer Plaza
Karte F7 ■ Al-Ain Centre,
Al Mankhool Road ■ +971 4 358 1020
■ tägl. 10 – 22 Uhr
Das Shoppingcenter beherbergt
mehr als 60 Läden, in denen man
günstig Notebooks, Digitalkameras,
Software etc. kaufen kann.

10 Ajmal
Karte J3 ■ Burjuman Mall
■ +971 4 351 5505 ■ tägl. 10 – 22 Uhr
(Do & Fr bis 23 Uhr)
Der Laden ist auf arabische Parfums
spezialisiert, die intensiver und wür-
ziger sind als europäische Marken.
Auf Wunsch werden für Kunden
auch gern individuelle Düfte kreiert.

Restaurants & Cafés

1 Ravi
Karte E4 ■ Al Satwa Roundabout
■ +971 4 331 5353 ■ tägl. 5 – 3 Uhr
■ kein Alkohol ■ D
Einheimische lieben das lebhafte
Lokal für seine preiswerten pakista-
nischen Gerichte – das Butterhühn-
chen ist besonders zu empfehlen.

2 Calicut Paragon
Karte J4 ■ gegenüber dem Lulu
Centre, Al Karama ■ +971 4 335 8700
■ tägl. 7 – 0.30 Uhr ■ kein Alkohol ■ D
Auf der Karte stehen Gerichte, wie
man sie in Kozhikode (früher Kali-
kut) an der indischen Malabarküste
genießt. Probieren Sie unbedingt
eines der tollen Seafood-Currys.

3 Manhattan Grill
Karte E2 ■ Grand Hyatt ■ +971
4 317 2222 ■ So – Mo 19 – 23.30 Uhr
(Do & Fr bis 24 Uhr) ■ DDD
Die Steaks des amerikanischen
Grillrestaurants sind spitze, es gibt
aber auch Vegetarisches – und eine
exzellente Weinauswahl.

4 Khan Murjan
Karte E2 ■ Souk Khan Murjan,
Wafi City ■ +971 4 327 9795 ■ tägl. 9 –
0.30 Uhr ■ DD
Das reizende Lokal in einem Innenhof ist bei Einheimischen äußerst
beliebt. Serviert werden libanesische, ägyptische, marokkanische
und iranische Gerichte sowie traditionelle hiesige Speisen.

5 Bastakiah Nights
Von der Dachterrasse genießt
man bei traditionellen arabischen
Speisen herrliche Aussicht auf die
Altstadt – das sollten Sie keinesfalls
verpassen *(siehe S. 19)*.

6 Marco's
Karte E2 ■ Wafi City, Oud Metha
Road ■ +971 4 324 4100 ■ tägl. 12 – 15
& 19 – 23.30 Uhr ■ DD
Das schicke Restaurant erfreut Gäste mit Köstlichkeiten der italienischen Küche.

Preiskategorien
Preis für ein Drei-Gänge-Menü pro Person
mit einer halben Flasche Wein, inkl. Steuern
und Service.

D unter 100 AED   **DD** 100 – 400 AED
DDD über 400 AED

---

7 Arabian Tea House
Karte K2 ■ Al Fahidi Street
■ +971 4 353 5071 ■ tägl. 7 – 24 Uhr
■ kein Alkohol ■ DD
Das Lokal in einem schönen Innenhof bezaubert mit authentischem
arabischen Flair *(siehe S. 19)*.

8 Peppercrab
Karte E2 ■ Grand Hyatt Dubai
■ +971 4 317 2222 ■ tägl. 19 –
23.30 Uhr (Fr & Sa bis 24 Uhr) ■ DDD
Lassen Sie sich in dem singapuri-
schen Seafood-Restaurant leckere
gepfefferte Krabben schmecken –
Schürzen werden gestellt.

9 Eric's
Karte J3 ■ 10 B Street, Al Karama
■ +971 4 396 5080 ■ tägl. 11.30 – 15.30
& 18.30 – 24 Uhr ■ D
Die Küche Goas lockt Genießer in
dieses schöne Restaurant.

10 Asha's
Karte E2 ■ Wafi City, Oud Metha
Road ■ +971 4 324 4100 ■ tägl. 12.30 –
15.30 & 19 – 24 Uhr ■ DDD
Im Restaurant des Bollywood-Stars
Asha Bhosle wird exzellente indi-
sche Küche serviert.

Asha's

Siehe Karte S. 64 ←

TOP 10 Sheikh Zayed Road & Downtown Dubai

Die von Wolkenkratzern gesäumte Sheikh Zayed Road ist Symbol für den kometenhaften Aufstieg Dubais. Noch beeindruckender als diese futuristische Szenerie ist das südlich der Straße gelegene Areal, in dem gigantische Projekte verwirklicht wurden: In Downtown Dubai befinden sich die größte Shoppingmall, der größte choreografierte Brunnen und mit dem Burj Khalifa das höchste Gebäude der Welt.

Emirates Towers

① Emirates Towers
Karte D6 ■ Sheikh Zayed Road

Zwei dreieckige Türme aus Aluminium und Glas ragen aus der Skyline der Sheikh Zayed Road heraus: die Emirates Towers. Der höhere der beiden ist ein Bürokomplex, der andere beheimatet das Luxushotel Jumeirah Emirates Towers *(siehe S. 112)* mit über 400 Zimmern und einem eindrucksvollen Atrium. Der Boulevard, eine noble Shoppingmall, verbindet die beiden Türme an ihrer Basis. Hotel und Boulevard bergen exzellente Restaurants und Bars, die Läden der Mall führen Mode von Top-Designern aus aller Welt, edlen Schmuck und Antiquitäten.

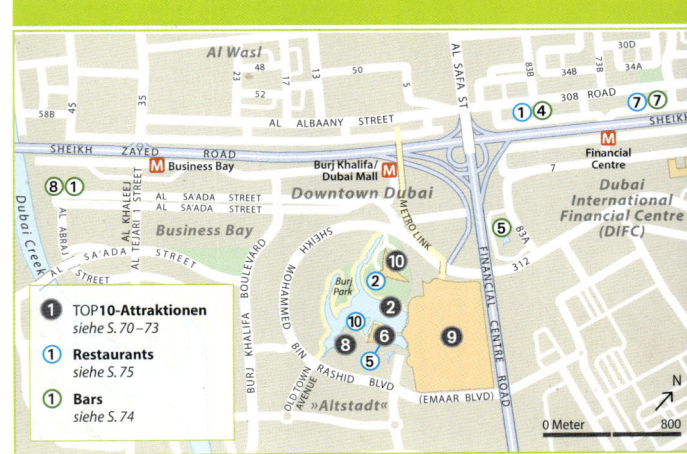

① **TOP10-Attraktionen**
siehe S. 70–73

① **Restaurants**
siehe S. 75

① **Bars**
siehe S. 74

Dubai Fountain

② **Dubai Fountain**
Karte C6 ■ Wasserspiele: tägl. 17.45–23.30 Uhr alle 30 Min. ■ www.burjkhalifa.ae

Die größte choreografierte Brunnenanlage der Welt liegt zwischen dem Burj Khalifa, der Dubai Mall und dem Souk Al Bahar inmitten des künstlich angelegten Burj Lake. Die Fontänen erreichen eine Höhe von 150 Metern und werden von 6000 Lampen angestrahlt. Das eindrucksvolle Spektakel beginnt nach Sonnenuntergang: Die Wasserspiele folgen dem Takt der musikalischen Begleitung, die Fontänen erstrahlen dabei in verschiedenen Farben.

③ **Dubai World Trade Centre**
Karte E5 ■ Sheikh Zayed Road ■ +971 4 332 1000 ■ www.dwtc.com

Das DWTC war das höchste Gebäude der Stadt, als es 1979 von Scheich Raschid bin Saeed Al Maktoum und Queen Elizabeth II feierlich eröffnet wurde. Seine Abbildung auf dem 100-AED-Schein belegt die bedeutende Rolle, die es in der Geschichte der Stadtentwicklung spielte. Mittlerweile gehören zum Dubai World Trade Centre 14 Messehallen. Das benachbarte Dubai International Convention Centre bietet Platz für über 10 000 Menschen.

④ **Dubai International Financial Centre (DIFC) & The Gate**
Karte D6 ■ Sheikh Zayed Road

Hinter den Emirates Towers liegt The Gate, das imposante 15-stöckige Wahrzeichen des Dubai International Financial Centre, einer Stadt in der Stadt. Das DIFC, auch Gate Village genannt, ist ein globaler Finanzmarkt mit eigenen Handelsrechten. The Gate zeigt tatsächlich die Form eines Tors und soll gewissermaßen die Verbindung zwischen den Finanzzentren London und New York im Westen und Hongkong und Tokio im Osten symbolisieren.

The Gate, DIFC

Naturschutzgebiet Ras Al Khor

5 Naturschutzgebiet Ras Al Khor

Karte E2 ■ Ras Al Khor ■ +971 4 606 6822 ■ Sa–Do 9–16 Uhr (große Gruppen nach Anmeldung) ■ Eintritt frei

Im Sumpfgebiet am Ende des Dubai Creek kann man Vögel beobachten: Flamingos, Watvögel, Reiher etc. Das Schutzgebiet birgt zwei Hochstände – »Mangrove« und »Flamingo« –, ausgestattet mit Teleskopen, Ferngläsern und Bildtafeln.

6 Souk Al Bahar

Karte C6 ■ Sheikh Mohammed bin Rashid Boulevard ■ +971 4 362 7011 ■ Mo–Do 10–22 Uhr, Fr, Sa 10–23 Uhr ■ www.soukalbahar.ae

Neben dem futuristischen Burj Khalifa lässt ein Neubau das alte Arabien wieder aufleben: Der Souk Al Bahar ist eine Shoppingmall mit gut 100 Geschäften, darunter kleine Boutiquen, Antiquitätenläden und Souvenir-

shops. Entlang der Promenade am Kanal reihen sich elegante Restaurants, Cafés und Lounge-Bars. Die Atmosphäre ist ruhiger und gemütlicher als in der nahen Dubai Mall.

7 Meydan Stables & Racecourse

Karte D2 ■ +971 4 381 3405 ■ Nov–März ■ www.themeydanhotel.com/stable-tours

Die vom Hotel Meydan veranstaltete Führung durch die weltberühmte Pferdesportanlage bietet u. a. die Möglichkeit, einen Vollblüter beim Training zu beobachten. Die Rundgänge beginnen um 7 Uhr mit einem Frühstück an der Rennbahn, anschließend werden der Sattelplatz, die Jockey-Lounge, der Führring und der üblicherweise königlichen Häuptern und Prominenten vorbehaltene VIP-Bereich besichtigt.

8 Palace Downtown

Karte C6 ■ Sheikh Mohammed bin Rashid Boulevard ■ +971 4 428 7888 ■ www.theaddress.com

Allein die im arabischen Stil gestaltete Fassade und der bezaubernde, von Palmen gesäumte Pool des hinter dem Souk Al Bahar gelegenen Hotels *(siehe S. 112)* sind sehenswert. Angesichts des starken Kontrasts zum direkt hinter dem Hotel aufragenden Burj Khalifa *(siehe S. 12f)* wirkt die Anlage noch idyllischer. Das hoteleigene Restaurant Thiptara *(siehe S. 75)* bietet traumhaften Blick auf den Dubai Fountain.

Palace Downtown

⑨ Dubai Mall

Karte C6 ■ Financial Centre Road ■ tägl. 10 – 2 Uhr ■ www. thedubaimall.com

Die dem Burj Khalifa benachbarte Mall bietet neben zahllosen Läden auch Attraktionen wie das Dubai Aquarium, eine Eislaufbahn und das 250 Millionen Jahre alte Skelett eines Diplodocus. Sehenswert sind der nach dem Vorbild arabischer Souks gestaltete Bereich und die überaus schicke »Fashion Avenue«. Einige der Restaurants mit Tischen im Freien bieten Blick auf den Dubai Fountain.

Dubai Mall

⑩ Burj Khalifa

Das nach Scheich Khalifa bin Zayid Al Nahyan, dem 2022 verstorbenen Präsidenten der VAE, benannte Wohngebäude ist das höchste der Welt. Die beiden Aussichtsplattformen sind öffentlich zugänglich. Die unteren Etagen nimmt ein von Giorgio Armani gestaltetes Hotel ein (siehe S. 12f).

Godolphin

Der berühmte Rennstall, 1994 von der Königsfamilie Al Maktoum gegründet, hat Gruppe-I-Rennen in elf Ländern gewonnen. Dubai Millennium, das Pferd, das den Dubai World Cup 2000 mit über sechs Längen gewann, wurde hier gezüchtet. Der Hengst zeugte 59 Nachkommen (www.godolphin.com).

Spaziergang

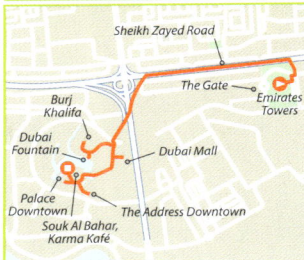

▶ **Vormittags**

Beginnen Sie Ihren Tag an den **Emirates Towers** – vielleicht mit Frühstück in einem Café der dortigen Shoppingmeile Boulevard. Werfen Sie noch einen Blick auf **The Gate** am Eingang des DIFC, bevor Sie die **Sheikh Zayed Road** entlangschlendern und die vielen Wolkenkratzer bestaunen. Nach dem Spaziergang lädt die **Dubai Mall** zum Shoppingbummel ein. Wer an den noblen Läden keinen Spaß hat, kann hier das Aquarium oder die Eislaufbahn besuchen. Zahlreiche Cafés und Restaurants bieten sich fürs Mittagessen an.

Nachmittags

Im **Souk Al Bahar** locken nach dem Essen weitere Läden und arabisches Flair. Kehren Sie im Hotel **Palace Downtown** auf eine Tasse Tee ein. Wer vorab gebucht hat, macht sich dann auf den Weg zum **Burj Khalifa**, um am späten Nachmittag den atemberaubenden Blick von einem der Aussichtsdecks zu genießen.

Sobald es dämmert, suchen Sie sich an der Uferpromenade des Sees, der den Turm umgibt, einen guten Platz, um die Wasserspiele des **Dubai Fountain** zu bewundern. Beschließen Sie den Tag in der eleganten Lobby-Lounge des Hotels **The Address Downtown** (siehe S. 13) bei Feinschmeckersandwiches und bestem Whisky oder gehen Sie erneut zum Souk Al Bahar und essen Sie bei orientalischem Flair im **Karma Kafé** (siehe S. 75) zu Abend.

Siehe Karte S. 70f ←

Bars

① Weslodge
Karte A6 ▪ JW Marriott Marquis
Hotel ▪ +971 4 560 1700 ▪ tägl. 17.30–
2 Uhr ▪ www.weslodge.ae
Die schicke Rock-'n'-Roll-Bar wird
für ihre kreativen Drinks und die
gute Küche geschätzt *(siehe S. 47)*.

② Alta Badia Bar
Karte D6 ▪ Jumeirah Emirates
Towers ▪ +971 4 319 8783 ▪ tägl.
20–2 Uhr
Mit wunderbarer Aussicht und einer
großartigen Cocktailkarte weiß diese
stilvolle Bar Gäste zu überzeugen.

③ Cin Cin's
Karte E5 ▪ Fairmont Dubai
▪ +971 4 311 8316 ▪ tägl. 19–3 Uhr
Die elegante Champagnerbar des
Fairmont *(siehe S. 112)* serviert auch
edle Snacks wie frische Austern und
Burger aus Kobe-Rind.

④ Balcony Bar
Karte C5 ▪ Shangri-
La Hotel ▪ +971 4 405
2703 ▪ tägl. 9–3 Uhr
Hier genießt man bei
guten Drinks die
entspannte Atmo-
sphäre des Hotels
(siehe S. 112) und
reizvollen Blick auf
seine elegante Lobby.

⑤ Asia Asia
Karte B2 ▪ Pier 7,
Dubai Marina ▪ +971 4 276 5900 ▪ tägl.
18–1 Uhr (Fr & Sa ab 14 Uhr, Di, Do & Fr
bis 2 Uhr) ▪ www.asia-asia.com
Die panasiatischen Gerichte nach
Rezepten aus Thailand, Shanghai
und Kyoto werden mit urbanem Flair
serviert *(siehe S. 46)*.

⑥ Blue Bar
Karte E5 ▪ Novotel World
Trade Centre ▪ +971 4 332 0000
▪ tägl. 12–2 Uhr
Bei den Klängen der Hausband
schmeckt das belgische Bier in der
zwanglosen Bar noch mal so gut.

Long's Bar

⑦ Long's Bar
Karte D5 ▪ Towers Rotana
▪ +971 4 312 2202 ▪ tägl. 12–3 Uhr
Eine kleine Tanzfläche und die angeblich längste Theke in den Vereinigten Arabischen Emiraten erwarten Sie in dieser netten Bar im
Kolonialstil.

⑧ Vault
Karte A6 ▪ JW Marriott Marquis
Hotel ▪ +971 4 414 3000 ▪ tägl.
17–3 Uhr ▪ www.jwmarriottmarquis
dubailife.com
Die Bar in der 72. Etage des
Marquis Hotel zählt zu
den höchstgelegenen der
Welt. Neben dem edlen
Ambiente beeindruckt
der Panoramablick
durch die wandhohen
Fenster *(siehe S. 46)*.

Gericht im
Vault

⑨ Fibber Magee's
Karte D5 ▪ nahe
Sheikh Zayed Road ▪ +971 4
332 2400 ▪ tägl. 8–2 Uhr
Das Irish Pub liegt etwas versteckt
hinter dem Saeed Tower One. Einrichtung, Essen, Guinness und Kil-
kenny vom Fass und regelmäßige
Livemusik sorgen dafür, dass man
sich hier wie in Irland fühlt.

⑩ Miss Lily's
Karte E5 ▪ Sheraton Grand Hotel
▪ +971 4 354 4074 ▪ tägl. 19–1 Uhr
(Mi–Fr bis 3 Uhr)
Tolle Drinks und Cocktails, leckere
Gerichte nach jamaikanischer Art
und buntes Dekor machen in der
netten Karibikbar gute Laune.

Restaurants

① Hoi An
Karte C5 ▪ Shangri-La Hotel
▪ +971 4 343 8888 ▪ tägl. 19 – 24 Uhr,
Fr & Sa auch 12.30 –16 Uhr ▪ DDD
Gäste genießen vietnamesische
Gerichte und perfekten Service in
elegantem Ambiente *(siehe S. 49)*.

② At.mosphere
Karte C6 ▪ Burj Khalifa ▪ +971 4
888 3828 ▪ tägl. 12.30 –16 & 18 – 24 Uhr
(Lounge-Bar bis 1 Uhr) ▪ DDD
Das höchstgelegene Restaurant der
Welt bietet atemberaubenden Aus-
blick, europäische Haute Cuisine
und eine schöne Bar *(siehe S. 47)*.

③ Alta Badia
Karte D6 ▪ Jumeirah Emirates
Towers ▪ +971 4 432 3232 ▪ tägl. 19 –
23.30 Uhr ▪ DDD
In dem schicken, authentisch italienischen Restaurant im 51. Stock
empfehlen sich Tische am Fenster.

④ Exchange Grill
Karte E5 ▪ Fairmont Dubai
▪ +971 4 332 5555 ▪ tägl. 19 – 24 Uhr
▪ DDD
Das beste Steakhouse der Stadt bie-
tet köstliche Steaks vom Kobe-Rind.

⑤ Karma Kafé
Karte C6 ▪ Souk Al Bahar ▪ +971
4 423 0909 ▪ tägl. 15 – 1 Uhr ▪ DD
Die klassischen asiatischen Speisen
schmecken im opulenten Gastraum
oder auf der Terrasse mit Blick auf
Burj Khalifa und Dubai Fountain.

Preiskategorien
Preis für ein Drei-Gänge-Menü pro Person
mit einer halben Flasche Wein, inkl. Steuern
und Service.

D unter 100 AED   **DD** 100 – 400 AED
DDD über 400 AED

⑥ Al Nafoorah
Karte E6 ▪ Boulevard, Emirates
Towers ▪ +971 4 319 8760 ▪ tägl.
12 –15.30 & 18 – 23.30 Uhr ▪ DD
Auf der Karte des großartigen arabischen Restaurants stehen köstliche
mezze, Grillgerichte und Seafood. Es
gibt auch ein Shisha-Zelt.

⑦ Teatro
Karte D5 ▪ Towers Rotana
▪ +971 4 343 8000 ▪ tägl. 18 – 2 Uhr
▪ DD
Die Gerichte nach Rezepten aus
aller Welt sorgen seit vielen Jahren
für den Erfolg des Restaurants.

⑧ The Noodle House
Karte D6 ▪ Marble Walk, The
Gate, DIFC ▪ +971 800 666 353 ▪ tägl.
11 –1 Uhr ▪ DD
Die Nudelgerichte sind ein preiswerter und überaus leckerer Imbiss für
zwischendurch.

⑨ La Petite Maison
Karte D6 ▪ Building 8, Gate
Village, DIFC ▪ +971 4 439 0505 ▪ tägl.
12 –15.30 & 19 – 23.30 Uhr ▪ DD
Flair und Speisekarte des schicken
Restaurants feiern die Côte d'Azur.
Es gibt erlesene Köstlichkeiten der
französisch-mediterranen Küche –
und speziell der *Niçoise cuisine*.

⑩ Thiptara
Karte C6 ▪ Palace Downtown
▪ +971 4 888 3444 ▪ tägl. 18 –
23.30 Uhr, Fr auch 12.30 –16 Uhr ▪ DDD
Das Restaurant in einem wunderschönen Holzpavillon am Seeufer
serviert thailändisches Seafood.
Reservierung wird empfohlen.

Karma Kafé

Siehe Karte S. 70f ←

TOP 10 Jumeirah

Der Stadtteil, der sich südwestlich des Hafens erstreckt, ist Dubais elegantester. Die ruhigen Straßen säumen von Bougainvilleen umringte luxuriöse Villen. Am südlichen Rand Jumeirahs finden sich drei der berühmtesten Wahrzeichen der Stadt: das »Sieben-Sterne-Hotel« Burj Al Arab, das gewaltige wellenförmige Jumeirah Beach Hotel und das Resort Madinat Jumeirah mit seinem zauberhaften Souk, das den traditionellen arabischen Stil reizvoll nachbildet. Die Hotels in dem Viertel sind hochpreisig, dafür liegen hier aber auch Dubais schönste Strände, die edelsten Restaurants und die schicksten Bars quasi vor der Tür. Für Wasserratten bietet der Wild Wadi Water Park zusätzlichen Reiz.

1 Burj Al Arab

Mit seiner an ein geblähtes *Dhow*-Segel erinnernden Gestalt ist das Luxushotel wahrlich unverkennbar. Das opulente Interieur ist nur zu besichtigen, wenn man eine Tischreservierung hat, den imposanten Bau kann man recht gut vom nahen Jumeirah Beach Hotel, wo Sie ein blitzschneller gläserner Aufzug ins oberste Stockwerk bringt, bewundern *(siehe S. 24f)*.

Burj Al Arab

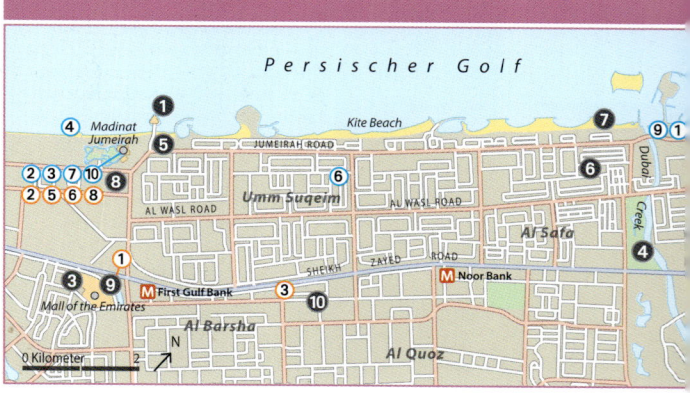

Jumeirah-Moschee

2 Jumeirah-Moschee

Die im fatimidischen Stil erbaute Moschee zählt zu den beein-
druckendsten Gotteshäusern in ganz
Dubai *(siehe S. 20f)*.

3 Ski Dubai

**Karte C2 ■ Mall of the Emirates
■ +971 4 800 386 ■ tägl. 10 – 23 Uhr
(Fr & Sa ab 9 Uhr, Do & Fr bis 24 Uhr)
■ Eintritt ■ www.skidxb.com**
Direkt an der Sheikh Zayed Road
ragt eine riesige futuristische Röhre
empor. In ihrem Innern bedecken
gut 6000 Tonnen Schnee fünf unterschiedlich anspruchsvolle Pisten –
darunter die längste »schwarze«
Kunstpiste der Welt –, die durch
Sessel- und Schlepplifte verbunden
sind. Kinder freuen sich vor allem
über die Eselspinguine, die auf der
Anlage leben, und über den unter-
haltsamen Schneepark *(siehe S. 44)*.

4 Safa Park

Karte A5
Das Riesenrad im Park bietet beste
Sicht auf die gewaltige Grünanlage,
die sich von der Al Wasl Road bis zur
Sheikh Zayed Road erstreckt. Der
Safa Park ist bei Einheimischen sehr
beliebt – viele nutzen die Jogging-
strecke, die ihn umringt, andere
kommen mit ihren Kindern her, die
hier ungezwungen herumtoben können. Zum Unterhaltungsangebot
zählen ein Minizug, ein Karussell
und ein hübscher See, den man mit
Ruderbooten befahren kann.

Safa Park

Wild Wadi Water Park

⑤ Wild Wadi Water Park

Karte C2 ▪ Jumeirah Road
▪ +971 4 348 4444 ▪ tägl. 10 – 18 Uhr
▪ Eintritt ▪ www.wildwadi.com

Der riesige Wasserpark wartet mit
elf Fahrgeschäften und weiteren
Attraktionen auf – der »Jumeirah
Sceirah«, die größte und schnellste
Wasserrutsche außerhalb der USA,
begeistert auch die echten Adrenalinjunkies. Rettungsschwimmer
sorgen für die Sicherheit in den
Becken, zahlreiche Restaurants
für das leibliche Wohl der Besucher.
Ein Armband dient dem bargeldlosen Zahlungssystem, so bleibt
die Brieftasche trocken.

⑥ Majlis Ghorfat Umm Al Sheif

Karte D2 ▪ 17th Street ▪ +971 800
33222 ▪ Mo – Fr 7.30 – 15.30 Uhr
▪ Eintritt ▪ www.dubaiculture.gov.ae

Das 1955 errichtete Majlis Ghorfat
Umm Al Sheif ist das einzige historische Gebäude, das außerhalb von
Dubais Altstadt verblieben ist. Es
war Sommerresidenz von Scheich
Rashid bin Saeed Al Maktoum. Im
Erdgeschoss lagen die Wohnräume,
im ersten Stock ein *majlis* (»Ort der
Zusammenkunft«). Die Dattelpalmen im Garten werden durch ein
traditionelles Kanalsystem *(falaj)*
mit Wasser versorgt.

⑦ Jumeirah Beach Park

Karte A4

Der Park mit altem Baumbestand
grenzt an einen herrlichen weißen
Sandstrand, an dem viele Palmen
für Schatten sorgen. Seichtes Wasser, Strandwächter, Toiletten, Duschen, Grillplätze, Picknicktische
und kleine Cafés ermöglichen perfektes Strandvergnügen.

Jumeirah Beach Park

Madinat Jumeirah
Karte C2 ▪ **Al Sufouh Road**

Der riesige Komplex aus vier Hotels,
die mit Meerwasser gespeiste Kanäle verbinden, bildet den Mittelpunkt
von Jumeirah. Die Wasserwege werden von lautlosen, batteriebetriebe-
nen *abras* befahren. Es gibt über
45 Restaurants, Bars und Cafés –
viele mit Meerblick. Das Seafood-
Restaurant Pierchic *(siehe S. 81)* liegt
z. B. auf einem Pier im Persischen
Golf. Der wunderbare Souk Madinat
Jumeirah ist als Nachbildung eines
arabischen Basars sehr gelungen.

Madinat Jumeirah

Mall of the Emirates
Karte C2 ▪ **Sheikh Zayed Road
Interchange 4** ▪ **+971 4 409 9000**
▪ **tägl. 10 – 24 Uhr** ▪ **www.mallofthe
emirates.com**

In Dubais schickster Shoppingmall
bieten über 500 Läden ein umfang-
reiches Sortiment. Harvey Nichols
und Debenhams betreiben riesige
Filialen. Die Mall bietet außerdem
ein Multiplex-Kino, die Kinderspiel-
zone Magic Planet sowie Dutzende
Cafés und Restaurants.

Kunstgalerien in Al Quoz
Karte C2 ▪ **www.alserkal.online**

Das Industriegebiet Al Quoz hat
durch den Zuzug moderner Kunstgalerien besonderen Reiz entwi-
ckelt. In dem Kunstzentrum an der
Alserkal Avenue haben sich bereits
viele einheimische Galerien ange-
siedelt, darunter auch die Gallery
Isabelle van den Eynde und die
Green Art Gallery *(siehe S. 38f).*

Spaziergang

▶ Vormittags

Beginnen Sie den Tag mit einem
gemütlichen Frühstück auf der
Terrasse des **Lime Tree Café**
(siehe S. 81), wo Sie bei Kaffee
oder frischem Saft die Morgen-
sonne genießen, bevor Sie um
10 Uhr an einer informativen
Führung durch die **Jumeirah-
Moschee** teilnehmen. Nach der
Besichtigung des eindrucksvollen
Bauwerks nehmen Sie ein Taxi
zum **Jumeirah Beach Park**, um
dort auf einer Liege unter Palmen
zu entspannen oder ein wenig im
Meer zu schwimmen.

Machen Sie sich gegen Mittag
auf den Weg zum Resort **Madinat
Jumeirah** und essen Sie in einem
der Restaurants am Wasser.

Nachmittags

Frisch gestärkt stöbern Sie dann
in den Läden des Resorts nach
Souvenirs und besuchen auch
den **Souk Madinat Jumeirah**
(siehe S. 80), die zauberhafte
Nachbildung eines arabischen
Basars.

Gegen Abend lädt dann die **Bahri
Bar** *(siehe S. 81)* im Hotel **Mina
A'Salam** zu einem Cocktail ein.
An den Tischen im Freien genießt
man schönen Blick auf die **Burj
Al Arab** und den Sonnenuntergang über dem Persischen Golf.
Fürs Abendessen bieten sich hier
viele Lokale an, besonders zu
empfehlen ist das **Pai Thai** *(siehe
S. 81)* im Hotel **Al Qasr**. Um dort
bei herrlichem Blick auf die Kanäle von **Madinat Jumeirah** und
das nahe Burj Al Arab tolle thailändische Küche zu genießen,
sollten Sie vorher reservieren.

Siehe Karte S. 76f

Shopping

1 Mall of the Emirates
Die Shoppingmall zählt zu den größten in der Region *(siehe S. 79)*.

2 Camel Company
Karte C2 ▪ Souk Madinat Jumeirah ▪ +971 4 368 6048 ▪ tägl. 10–23 Uhr ▪ www.camelcompany.ae
Die Plüschkamele und anderen Souvenirs rund um das Wüstentier machen vor allem Kindern Spaß.

3 Times Square Center
Karte C2 ▪ Sheikh Zayed Road ▪ +971 4 341 8020 ▪ tägl. 10–22 Uhr (Fr & Sa bis 24 Uhr) ▪ www.timessquarecenter.ae
Die kleine Mall birgt viele gute Elektronikläden und eine Ice Lounge, in der alles – von den Tischen bis zu den Gläsern – aus Eis besteht.

4 The Village
Karte D4 ▪ Jumeirah Road ▪ +971 4 344 9514 ▪ Sa–Do 10–22 Uhr, Fr 14–22 Uhr
In der hübschen Shoppingmall mit Torbogen, Pflanzen und Brunnen gibt es eine reizvolle Auswahl an Boutiquen, in denen man u.a. schöne Geschenkartikel findet.

5 Souk Madinat Jumeirah
Karte C2 ▪ Al Sufouh Road ▪ tägl. 10–23 Uhr
Der reizvolle Basar bietet Schmuck, Antiquitäten, Kunst und Kunsthandwerk sowie zahlreiche Lokale.

6 Pride of Kashmir
Karte C2 ▪ Souk Madinat Jumeirah ▪ +971 4 368 6110 ▪ tägl. 10–23 Uhr ▪ www.prideofkashmir.com
Die Teppiche – antik oder modern – stammen aus dem Iran, aus Kaschmir und aus der Türkei.

7 Boxpark
Karte D2 ▪ Al Wasl Road ▪ +971 800 637 227 ▪ tägl. 10–22 Uhr (Do–Sa bis 24 Uhr) ▪ www.boxpark.ae
Die pfiffige Anlage mit originellen Läden in würfelförmigen Gebäuden und Schiffscontainern spricht vor allem junge Leute an.

8 Gallery One
Karte C2 ▪ Souk Madinat Jumeirah ▪ +971 4 368 6055 ▪ tägl. 10–23 Uhr ▪ www.g-1.com
Hier sind schöne Kunstwerke mit arabischen und asiatischen Themen durchaus erschwinglich.

9 Mercato
Karte C4 ▪ Jumeirah Beach Road ▪ +971 4 344 4161 ▪ tägl. 10–22 Uhr ▪ www.mercatoshoppingmall.com
Neben rund 90 Läden, Restaurants und Cafés bietet die italienisch angehauchte Mall auch einen netten Spielbereich für Kinder.

10 Jumeirah Plaza
Karte D4 ▪ Jumeirah Road ▪ +971 4 349 0766 ▪ Sa–Do 10–22 Uhr, Fr 13.30–22 Uhr
Einheimische lieben diese Mall, die auch über ein nettes Café mit Terrasse verfügt.

Souk Madinat
Jumeirah

Restaurants & Bars

Preiskategorien

Preis für ein Drei-Gänge-Menü pro Person mit einer halben Flasche Wein, inkl. Steuern und Service.

D unter 100 AED   DD 100 – 400 AED
DDD über 400 AED

1 COYA
Karte C4 ■ Four Seasons Resort ■ +971 4 316 9600 ■ tägl. 12.30 –16 & 19 – 24 Uhr (Mi – Fr bis 0.30 Uhr) ■ DD
Exquisite peruanische Gerichte mit asiatischem oder spanischem Touch locken in diesem Lokal *(siehe S. 48)*.

2 Zheng He's
Karte C1 ■ Hotel Mina A'Salam, Madinat Jumeirah ■ +971 4 432 3232 ■ tägl. 12 –15 & 18.30 – 23.30 Uhr ■ DDD
Das Restaurant am Hafen serviert Seafood und chinesische Gerichte.

3 Trattoria Toscana
Karte C2 ■ Madinat Jumeirah ■ +971 4 366 6318 ■ tägl. 12 – 24 Uhr ■ DD
Wie in Venedig sitzt man hier am Kanal, um die gute italienische Küche zu genießen.

4 Pierchic
Karte C2 ■ Hotel Al Qasr, Madinat Jumeirah ■ +971 4 366 6705 ■ tägl. 12 –15 & 18.30 – 23 Uhr ■ DDD
Die auf Pfählen im Persischen Golf ruhende Holzterrasse bietet ein besonders reizvolles Ambiente.

5 Lime Tree Café
Karte D4 ■ Jumeirah Beach Road ■ +971 4 325 6325 ■ tägl. 7.30 – 20 Uhr ■ kein Alkohol ■ D
Das Café mit schattiger Terrasse serviert mittags kleine Mahlzeiten.

6 Maria Bonita Taco Shop
Karte C2 ■ Umm Al Sheif Street ■ +971 4 395 5576 ■ tägl. 12 – 24 Uhr ■ kein Alkohol ■ D
Die mexikanischen Tacos, Tortillas und Salsas sind günstig und lecker.

7 Bahri Bar
Karte C2 ■ Hotel Mina A'Salam, Madinat Jumeirah ■ +971 4 432 3232 ■ tägl. 16 – 2 Uhr (Do & Fr bis 3 Uhr)
Die große Terrasse mit Blick aufs Burj Al Arab ist ein großartiger Ort für den Sundowner *(siehe S. 47)*.

Bahri Bar

8 Sho Cho's
Karte E4 ■ Dubai Marine Beach Resort & Spa ■ +971 4 346 1111 ■ So – Fr 19 – 3 Uhr
Die Räume der schicken japanischen Bar zieren Aquarien. Die Terrasse bietet Blick auf den Persischen Golf.

9 Nusr-Et Steakhouse
Karte C4 ■ Four Seasons Resort ■ +971 4 407 4100 ■ tägl. 12 – 24 Uhr ■ DD
Küchenchef Nusret Gökçe wurde als »Salt Bae« im Internet bekannt. Sein Restaurant – eines von zehn weltweit – feiert die Tradition türkischer Steakhäuser *(siehe S. 48)*.

10 Pai Thai
Karte C2 ■ Hotel Al Qasr, Madinat Jumeirah ■ +971 800 666 353 ■ tägl. 18.30 – 23.30 Uhr, Fr & Sa auch 12.30 –15.30 Uhr ■ DDD
Genießen Sie exzellente thailändische Küche in romantischem Ambiente mit Blick auf die Wasserwege von Madinat Jumeirah *(siehe S. 49)*.

Siehe Karte S. 76f

TOP10 Dubai Marina & Palm Jumeirah

Der Südwesten zeugt von der rasanten Entwicklung des modernen Dubai. Der Stadtteil Dubai Marina entstand innerhalb nur eines Jahrzehnts rund um den neuen Yachthafen – mit riesigen Resorts und Wolkenkratzern, so weit das Auge reicht. Vor der Küste liegt Palm Jumeirah, die größte künstliche Insel der Welt, mit dem Resort Atlantis, The Palm.

Dubai Marina

① **Ibn Battuta Mall**

Karte A2 ■ **Sheikh Zayed Road, Emirates Hills** ■ +971 800 625 4335 ■ tägl. 10–22 Uhr (Fr, Sa bis 24 Uhr) ■ www.ibnbattutamall.com

Jede der sechs Einkaufszonen in der extravaganten Mall präsentiert den Stil eines der Länder, die Ibn Battuta, der Marco Polo Arabiens, einst bereiste. In der von leuchtendem Rot dominierten chinesischen Zone steht die Nachbildung einer Dschunke, der indische Bereich birgt das lebensgroße Modell eines Elefanten. Der »Persia Court« wird von einer reich verzierten Kuppel überwölbt *(siehe S. 51)*.

② **The Lost Chambers Aquarium**

Karte B1 ■ **Atlantis, The Palm** ■ +971 4 426 2000 ■ tägl. 10–21 Uhr ■ Eintritt ■ www.atlantis.com/dubai

Besucher können in dem Aquarium farbenfrohe tropische Fische und andere Meeresbewohner, z. B. Haie, Piranhas und Seepferdchen, bewundern. Die in den Becken platzierten »Ruinen« sollen das mythische Inselreich Atlantis evozieren, das der antike griechische Philosoph Platon beschrieb.

The Lost Chambers Aquarium

③ **Bootsfahrten**

Den besten Blick auf das eindrucksvolle Viertel Dubai Marina und seine Wolkenkratzer genießt man vom Wasser aus. Fahrten mit den im Yachthafen verkehrenden Wassertaxis sind die preiswerteste Möglichkeit zur Erkundung des Areals, hier werden aber auch reizvolle Dinnerfahrten auf traditionellen *dhows* angeboten. Die Dubai Ferry *(siehe S. 105)* verkehrt zwischen Bur Dubai und Dubai Marina. Alternativ empfehlen sich Touren mit Yellow Boats *(siehe S. 55)*.

Indischer Elefant, Ibn Battuta Mall

④ **Yachthafen**
Karte B2

Der moderne Yachthafen ist das Herzstück des neu erbauten Stadtviertels Dubai Marina. Vor der imposanten Kulisse aus Wolkenkratzern liegen jede Menge luxuriöse Yachten vor Anker. Besonders eindrucksvoll zeigt sich die Szenerie am Abend, wenn alles beleuchtet ist. Die künstlich angelegte Bucht erstreckt sich über eine Länge von beinahe drei Kilometern parallel zur Küste des Persischen Golfs. Bedauerlicherweise verirren sich gelegentlich Haie und sogar Wale in das Hafenbecken.

Atlantis, The Palm

⑤ Atlantis, The Palm
Karte B1 ▪ Palm Jumeirah
▪ +971 4 426 2000 ▪ www.atlantis.
com/dubai

Das riesige Resort *(siehe S. 113)* am Ende von Palm Jumeirah zählt zu Dubais markantesten Wahrzeichen. Den Mittelpunkt des Baus bildet ein gewaltiger arabischer Torbogen, das Innere zieren goldene Säulen und viel Marmor. Die Anlage birgt eine Reihe unterhaltsamer Attraktionen und einen langen Strand, der öffentlich zugänglich ist *(siehe S. 41)*.

⑥ Aquaventure Waterpark & Dolphin Bay
Karte B1 ▪ Atlantis, The Palm ▪ +971 4 426 2000 ▪ tägl. 9.45 – 18.30 Uhr ▪ Eintritt ▪ www.atlantis.com/dubai

Highlight des großen Wasserparks ist die Rutsche »Leap of Faith«: Die fast senkrechte Fahrt endet in einer durchsichtigen Röhre, die durch ein von Haien bevölkertes Becken führt. In der Dolphin Bay haben Besucher die Gelegenheit, mit Delfinen zu schwimmen. Für Kinder gibt es ein seichtes Becken, versierte Schwimmer können sich den Tieren in tiefen Gewässern annähern.

⑦ Marina Walk
Karte B2

An beiden Seiten des Hafenbeckens lädt eine Uferpromenade, die zahlreiche Cafés und Restaurants säumen, zum Spazierengehen ein. Auch die schicke Dubai Marina Mall ist hier zu finden. Am nördlichen Ende des Yachthafens steht der 73 Stockwerke hohe Cayan Tower, der mit seiner um 90 Grad gedrehten Gestalt ins Auge fällt. Bei der Eröffnung im Jahr 2013 war das Gebäude das höchste der Welt, nun hat der Burj Khalifa *(siehe S. 12f)* diesen Status inne und wird ihn auch noch eine Zeit lang behalten.

Marina Walk

8 ### The Walk at Jumeirah Beach Residence

Karte B2

Den Boulevard vor dem 36 Wolkenkratzer umfassenden Wohnkomplex Jumeirah Beach Residence säumen zahlreiche Läden, Restaurants und Cafés – ideal für einen entspannten Bummel. Auch der Wohnkomplex selbst, eines der attraktivsten Neubaugebiete der Stadt, birgt einige Läden und Restaurants, die sich um hübsch angelegte Plätze mit Brunnen gruppieren.

Palm Monorail

9 ### Palm Monorail

Karte B1–B2 ■ tägl. 9–22 Uhr
■ Gebühr ■ www.palm-monorail.com

Die Züge der Einschienenschnellbahn verkehren in der Regel alle 15 Minuten. Die erhöhte Strecke beginnt am Fuß von »The Palm« und reicht bis zu ihrer Spitze – das erlaubt guten Überblick über die ganze Insel. Auch der Ausblick auf die Wolkenkratzer von Dubai Marina ist überaus eindrucksvoll.

10 ### Marina Beach

Karte B2

Der weiße Sandstrand am Yachthafen zählt zu den schönsten der Stadt. Er ist kostenlos zugänglich und zieht am Wochenende viele Besucher an, an anderen Tagen findet man ausreichend Platz zum Entspannen. Duschen und Umkleiden sind vorhanden, auch Sonnenliegen werden vermietet. Zudem gibt es ein vielfältiges Angebot für Wassersportfans: Man kann segeln, Wasserski oder Kajak fahren oder eine vergnügliche Fahrt in einem Bananenboot unternehmen.

Spaziergang

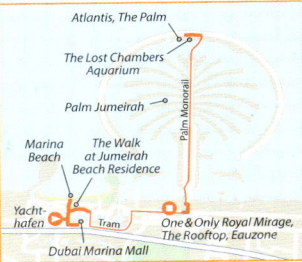

Atlantis, The Palm
The Lost Chambers Aquarium
Palm Jumeirah
Palm Monorail
Marina Beach *The Walk at Jumeirah Beach Residence*
Yachthafen *Tram* *One & Only Royal Mirage, The Rooftop, Eauzone*
Dubai Marina Mall

▶ Vormittags

Der Tag beginnt mit einem gemütlichen Spaziergang auf der Promenade am **Yachthafen**. Stöbern Sie durch die Läden der **Dubai Marina Mall** oder unternehmen Sie eine Bootsfahrt im Hafenbecken. Am **Marina Beach** können Sie dann ein wenig in der Sonne liegen oder Wassersport treiben. Fürs Mittagessen bietet **The Walk at Jumeirah Beach Residence** eine Reihe von Cafés und Restaurants an.

Nachmittags

Mit der Tram geht es dann zur Station der Palm Monorail. Auf der Fahrt mit der Schnellbahn über ganz **Palm Jumeirah** genießt man fantastischen Ausblick. Am Resort **Atlantis, The Palm** angekommen werfen Sie erst einen Blick ins opulente Hauptgebäude, bevor Sie den Meerestieren in **The Lost Chambers Aquarium** einen Besuch abstatten.

Nach der Rückfahrt mit der Palm Monorail führt ein kleiner Spaziergang zum Resort **One & Only Royal Mirage** *(siehe S. 113)*, wo man ein paar schöne Stunden verbringen kann. Die Gebäude im maurischen Stil umgibt ein herrlicher Park mit zahllosen Palmen. Vielleicht suchen Sie die Dachbar **The Rooftop** *(siehe S. 86)* auf, um bei einem entspannten Drink das marokkanische Ambiente zu genießen. Ein wunderbarer Ort fürs Abendessen ist das romantische Restaurant **Eauzone** *(siehe S. 87)*, es erfordert aber Reservierung.

Siehe Karte S. 82

Cafés & Bars

① Mr. Miyagi's
Karte B2 ▪ Media One, Dubai Media City ▪ +971 4 420 7489 ▪ tägl. 12 – 3 Uhr ▪ www.mrmiyagis.xyz

Nicht nur Karate-Kid-Fans lieben das bunte Lokal für die tollen Drinks und die leckeren Snacks *(siehe S. 46)*.

② Chandelier
Karte B2 ▪ Marina ▪ +971 4 366 3606 ▪ tägl. 10 – 2 Uhr ▪ kein Alkohol ▪ DD

Das zwanglose libanesische Lokal hat ein hübsche Terrasse, auf der man auch Shisha rauchen kann.

③ Bar 44
Karte B2 ▪ Grosvenor House, Marina ▪ +971 4 317 6000 ▪ tägl. 18 – 2 Uhr (Do bis 2.30 Uhr) ▪ www.bar44-dubai.com

In der Dachbar mit großer Terrasse und gemütlichen Sofas gibt es 44 Champagnersorten *(siehe S. 46)*.

④ The Rooftop
Karte B2 ▪ One & Only Royal Mirage, Al Sufouh ▪ +971 4 399 9999 ▪ tägl. 17 – 2 Uhr ▪ www.oneandonly resorts.com

In der marokkanisch gestalteten Bar auf dem Dach des Arabian Court genießt man Meerblick zum Drink unterm Sternenzelt *(siehe S. 46)*.

The Rooftop

⑤ Stereo Arcade
Karte B2 ▪ DoubleTree by Hilton, The Walk at JBR ▪ +971 52 618 2424 ▪ tägl. 18 – 3 Uhr

Wer in der Kneipe europäischen Stils etwas trinkt, darf sich an den Videospielen aus den 1980er Jahren kostenlos austoben.

⑥ Nasimi Beach
Karte B1 ▪ Atlantis, The Palm ▪ +971 4 426 2626 ▪ tägl. 11 Uhr bis Sonnenuntergang

Auf der Terrasse des Strandclubs kann man – umgeben von weißem Sand – auf gemütlichen Sitzsäcken seinen Drink genießen.

⑦ Zero Gravity
Karte B1 ▪ Al Sufouh Road ▪ +971 4 399 0009 ▪ tägl. 10 – 21 Uhr (Di, Fr & Sa bis 24 Uhr, Do bis 3 Uhr) ▪ D

Dieses Bar-Restaurant am Strand ist ein wunderbarer Ort für den Sundowner, es gibt aber auch den ganzen Tag über etwas zu essen.

⑧ Massaad
Karte B2 ▪ The Walk at JBR ▪ +971 4 362 9002 ▪ tägl. 11 – 23 Uhr ▪ D

Das kleine Café bietet hervorragende leichte Speisen arabischer Art aus frischen regionalen Zutaten.

⑨ Nola
Karte B2 ▪ Armada BlueBay, Jumeirah Lake Towers ▪ +971 4 399 8155 ▪ tägl. 12 – 3 Uhr ▪ www.nola-social.com

Um in dieser Hotelbar New-Orleans-Flair und tolle Drinks zu genießen, sollten Sie reservieren *(siehe S. 47)*.

⑩ Barasti
Karte B2 ▪ Le Méridien Mina Seyahi Beach Resort & Marina ▪ +971 4 318 1313 ▪ tägl. 11 – 1.30 Uhr (Do & Fr bis 3 Uhr)

Die Strandbar ist wochenends, wenn es Dubais Nachtschwärmer ans Meer lockt, gut besucht. Fast jeden Abend ist hier Livemusik geboten.

Restaurants

1 **Buddha Bar**
Karte B2 ▪ Grosvenor House,
Marina ▪ +971 4 317 6000 ▪ tägl.
19–1 Uhr (Do & Fr bis 2 Uhr) ▪ DDD
Unter den Augen eines riesigen
Buddhas wird tolle panasiatische
Küche serviert *(siehe S. 48)*.

Tagine

2 **Tagine**
Karte B2 ▪ One & Only Royal
Mirage, Al Sufouh Road ▪ +971 4 399
9999 ▪ Di–So 19–23.30 Uhr ▪ DD
In einem wunderschönen Innenhof
genießt man bei Kerzenlicht marokkanische Speisen.

3 **Maya**
Karte B2 ▪ Le Royal Méridien
Beach Resort & Spa ▪ +971 4 316 5550
▪ tägl. 19–24 Uhr (Do & Fr bis 1 Uhr),
Fr auch 12.30–16 Uhr ▪ DDD
Die Räume sind mit Kunst der Maya
und modernen Skulpturen dekoriert,
die mexikanischen Gerichte zeigen
eine innovative Note.

4 **Amala**
Karte B1 ▪ Jumeirah Zabeel
Saray, Palm Jumeirah ▪ +971 4 453
0444 ▪ tägl. 13–16 & 18–23.30 Uhr
▪ DD
Das opulent gestaltete Restaurant
bietet gute nordindische Küche.

5 **BiCE**
Karte B2 ▪ Hilton Dubai Jumeirah ▪ +971 4 399 1111 ▪ tägl. 12.30–15
& 19–23.30 Uhr ▪ DD
Zu Seafood und Fleisch serviert das
italienische Restaurant guten Wein.

6 **Eauzone**
Karte B2 ▪ One & Only Royal
Mirage, Al Sufouh ▪ +971 4 399 9999
▪ tägl. 12–15.30 & 19–23.30 Uhr ▪ DDD
In den um einen beleuchteten Pool
gruppierten Zelten genießen Gäste
romantische Atmosphäre und klas-
sische und moderne panasiatische
Speisen *(siehe S. 48)*.

7 **Nina**
Karte B2 ▪ One & Only Royal
Mirage, Al Sufouh ▪ +971 4 399 9999
▪ Mo–Sa 19–23.30 Uhr ▪ DD
Das bezaubernde Restaurant ser-
viert traditionelle indische Gerichte
mit innovativer Note. Ein DJ sorgt für
Hintergrundmusik.

8 **Indego by Vineet**
Karte B2 ▪ Grosvenor House,
Marina ▪ +971 4 317 6000 ▪ tägl. 19–
24 Uhr ▪ DD
Vineet Bhatia, der erste Sternekoch
indischer Abstammung, kreiert hier
moderne Variationen traditioneller
Gerichte *(siehe S. 49)*.

9 **Ruya**
Karte B2 ▪ Grosvenor House,
Marina ▪ +971 4 317 6000 ▪ Sa–Mi 18–
1 Uhr, Do 18–2 Uhr, Fr 19–2 Uhr ▪ DD
Das lebhafte Restaurant lockt mit
zeitgemäßer anatolischer Küche und
mit freundlich entspannter Atmosphäre.

10 **Rhodes Twenty10**
Karte B2 ▪ Le Royal Méridien
Beach Resort & Spa ▪ +971 4 316 5550
▪ Di–So 19–24 Uhr ▪ DDD
Das Restaurant bietet neben erst-
klassigen Steaks auch britische
Klassiker sowie Gerichte mit
nahöstlichem Touch *(siehe S. 49)*.

Siehe Karte S. 82

🔟 Zentrum von Abu Dhabi

Abu Dhabi, die Hauptstadt der Vereinigten Arabischen Emirate, stand lange im Schatten des mondänen Dubai. Noch immer prägt Abu Dhabi ein traditionelleres Flair, doch inzwischen kann die durch Erdöl reich gewordene Stadt auch mit spektakulären modernen Bauwerken aufwarten – vom Luxushotel Emirates Palace über die von futuristischer Architektur geprägte Insel Al Maryah bis zu den imposanten Etihad Towers. Das Zentrum birgt nicht nur die eindrucksvollsten Bauten der Stadt, es bietet auch unzählige Shoppingmöglichkeiten, hervorragende Restaurants und lebhafte Bars. Schaustück des Viertels ist die prächtige Corniche.

Corniche

① Corniche
Karte N2–T1

Der Prachtboulevard erstreckt sich fast fünf Kilometer an der Küste entlang. Im Hintergrund ragen Wolkenkratzer auf. In den Parks, die die lange Straße säumen, gehen Einheimische gern spazieren oder joggen. Es empfiehlt sich, hier ein Fahrrad zu mieten: Den Boulevard entlangzuradeln, ist ein wunderschönes Erlebnis. An der Corniche liegt auch ein einladender öffentlicher Strand.

① **TOP10-Attraktionen**
siehe S. 90–93

① **Restaurants & Bars**
siehe S. 95

① **Shopping**
siehe S. 94

Vorhergehende Doppelseite Blick vom Burj Khalifa auf Downtown Dubai

Blick auf Al Maryah

② Marina Mall

Karte P1 ■ The Breakwater
■ +971 800 6623 ■ tägl. 10 – 22 Uhr (Fr,
Sa bis 24 Uhr) ■ www.marinamall.ae
Die Mall liegt zwar ein wenig abseits, zählt aber zu den größten und beliebtesten Shoppingzentren der Stadt *(siehe S. 50)*. Die Läden gruppieren sich um mehrere großflächige Atrien mit zeltförmigen Dächern. Das Glanzstück der weitläufigen Anlage ist allerdings der Marina Sky Tower, der hinter der Mall aufragt. In dem Wolkenkratzer bieten ein Drehrestaurant auf der 42. Etage und das Café Colombiano ein Stockwerk darunter atemberaubenden Blick auf Abu Dhabi.

③ Al Maryah

Karte T3 ■ www.almaryah
island.ae
Auf der Insel nordöstlich vom Zentrum entsteht ein neues Finanz- und Geschäftszentrum – Abu Dhabis ehrgeizigstes Projekt. Einiges ist noch in der Planungsphase, doch der Abu Dhabi Global Market Square mit der Mall The Galleria *(siehe S. 94)* bietet einen Vorgeschmack.

④ World Trade Center Abu Dhabi

Karte R2 ■ Hamdan bin Mohammed
Street ■ www.wtcad.ae
Der von Burj Mohammed bin Rashid und Trust Tower dominierte Komplex birgt neben Büros und Wohnungen auch eine Mall, Hauptattraktion ist aber der WTC Souk *(siehe S. 94)* – eine Art postmoderne Reinkarnation eines traditionellen Basars.

World Trade Center Abu Dhabi

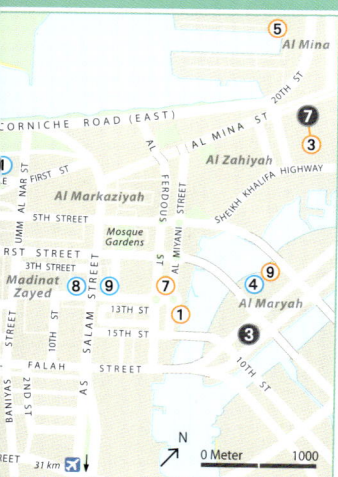

⑤ Al Ittihad Square
Karte R1

Der kleine Park im Zentrum des Platzes birgt fünf riesige Skulpturen, die in augenzwinkerndem Kontrast zu den umliegenden Wolkenkratzern stehen: eine überdimensionierte Kaffeekanne, ein Tellerwärmer, ein gigantischer Parfumflakon, eine Kanone und eine kleine Burg.

Töpfer im Abu Dhabi Heritage Village

⑥ Abu Dhabi Heritage Village
Karte P1 ■ **The Breakwater** ■ **+971 2 681 4455** ■ **Sa–Do 9–16 Uhr, Fr 15.30–21 Uhr**

Die Rekonstruktion eines traditionellen Oasendorfs samt Moschee und Souk vermittelt einen Eindruck von der Lebensweise, die Abu Dhabi einst prägte. Der Komplex gegenüber der Corniche und ihrer Wolkenkratzerkulisse umfasst eine Reihe von Barasti-Häusern, die in Werkstätten umgewandelt wurden. Hier hat man Gelegenheit, den Handwerkern bei ihrer Arbeit zuzusehen.

> **Entdeckung von Öl**
>
> Als der Perlenhandel am Golf wegen der neuen japanischen Zuchtperle zusammengebrochen war, gewährte Scheich Shakhbut bin Sultan Al Nahyan 1939 Petroleumkonzessionen – ein weiser Schritt, wie sich später zeigte. Die Entdeckung von Öl im Jahr 1958 und dessen Export ab 1962 bescherten Abu Dhabi unermesslichen Reichtum.

⑦ Al-Mina-Souks
Karte T1 ■ **tägl. 5–23 Uhr**

Auf der von regem Schiffsverkehr und hohen Ladekränen geprägten Hafenanlage Al Mina finden sich drei kleine Märkte: Der Teppich-Souk *(siehe S. 94)* besteht aus mehreren einfachen Läden, die einen kleinen Platz umringen, der Lebensmittelmarkt ist eine wichtige Versorgungsquelle in Sachen Obst und Gemüse und auf dem Fisch-Souk wird der Fang des Tages angeboten.

⑧ Emirates Palace

Abu Dhabis herrliches rosafarbenes Palasthotel – erbaut, um prominenten oder gar königlichen Häuptern angemessene Unterkunft zu bieten – dominiert das westliche Ende der prachtvollen Corniche. Die von einer majestätischen Kuppel gekrönte Fassade wird an Extravaganz vom Interieur noch übertroffen: Die opulenten Räume sind übersät von funkelndem Gold und glitzernden Swarovski-Kristallen *(siehe S. 30f)*.

Emirates Palace

⑨ Etihad Towers

Karte N2 ■ **Observation Deck at 300:** +971 2 811 5666; tägl. 10–19 Uhr; Eintritt ■ www.etihadtowers.ae

Fünf metallisch glänzende Wolkenkratzer mit sanft geschwungenen Fassaden bilden den Komplex am südwestlichen Ende der Corniche. In der 74. Etage von Tower Two liegt die höchste Aussichtsplattform Abu Dhabis: Das vom Jumeirah-Hotel *(siehe S. 114)* bewirtete Observation Deck at 300 bietet herrlichen Blick auf die Stadt (bei einem Verzehr wird ein Teil des Eintritts verrechnet).

Etihad Towers

⑩ Qasr Al Hosn

Karte R2 ■ **Sheikh Rashid bin Saeed Al Maktoum Street** ■ +971 2 697 6400 ■ Sa–Do 9–20 Uhr, Fr 14–20 Uhr ■ Eintritt ■ www.qasralhosn.ae

Mitten in der Stadt stößt man auf das älteste Bauwerk Abu Dhabis: Die in den 1790er Jahren erbaute Festung diente zwei Jahrhunderte lang der Herrscherfamilie Al Nahyan als Wohnsitz. Die von runden Wehrtürmen durchsetzte weiße Mauer kam erst in den 1940er Jahren dazu. Die Festungsanlage wurde gut elf Jahre lang restauriert, im Dezember 2018 hat hier ein Museum eröffnet, das die Geschichte Abu Dhabis dokumentiert.

Spaziergang

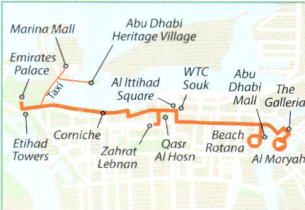

▶ Vormittags

Der Bummel durch das Zentrum Abu Dhabis beginnt auf der Insel **Al Maryah**, wo Sie die Wolkenkratzer am Abu Dhabi Global Market Square bewundern und in den Boutiquen der Shoppingmall **The Galleria** *(siehe S. 94)* stöbern können. Am Ufer entlang geht es anschließend zu der Brücke, die in die Innenstadt führt. Spazieren Sie zunächst zur **Abu Dhabi Mall** *(siehe S. 94)* und folgen Sie dann der Al Nasr Street, die zahlreiche Läden säumen, zum World Trade Center Abu Dhabi, wo der reizvolle **WTC Souk** *(siehe S. 94)* eine Erkundung lohnt. Besichtigen Sie die Statuen am **Al Ittihad Square** und schauen Sie bei der Festung **Qasr Al Hosn** vorbei, bevor Sie im Restaurant **Zahrat Lebnan** *(siehe S. 95)* zu Mittag essen.

Nachmittags

Nach dem Essen spazieren Sie an den Al Markaziyah Gardens vorbei zur **Corniche**. Bummeln Sie ein wenig am Wasser entlang, dann geht es – evtl. mit dem Taxi – an den **Etihad Towers** vorbei zum Luxushotel **Emirates Palace**, wo Sie für den Nachmittagstee reserviert haben. Ein Taxi bringt Sie anschließend zum **Abu Dhabi Heritage Village** und zur **Marina Mall** mit dem Sky Tower, der fantastischen Ausblick bietet.

Mit dem Taxi geht es zurück ins Stadtzentrum und zum Hotel **Beach Rotana** *(siehe S. 116)*, um im schicken Restaurant Finz bei tollem Seafood den Blick auf Al Maryah zu genießen. Beschließen Sie den Tag mit deutschem Bier im Hotelrestaurant Brauhaus.

Siehe Karte S.90f ←

Shopping

(1) Abu Dhabi Mall
Karte T2 ▪ Tourist Club Area
▪ +971 2 645 4858 ▪ So – Do 10 – 22 Uhr
▪ www.abudhabi-mall.com

Das große, kurz »AD Mall« genannte Shoppingcenter bietet alle Labels, die man hier erwartet *(siehe S. 51)*.

Marina Mall

(2) Marina Mall
Diese Mall birgt auch Kinos und eine Eislaufbahn *(siehe S. 91)*.

(3) Teppich-Souk
Karte T1 ▪ Al Mina

Teppiche und Kissen so weit das Auge reicht – hier steht das Erlebnis, nicht die Qualität im Vordergrund.

(4) Al Wahda Mall
Karte R3 ▪ Hazza bin Zayed Street ▪ +971 2 443 7000 ▪ tägl. 10 – 22 Uhr (Do – Sa bis 23 Uhr) ▪ www.alwahda-mall.com

Mit über 250 Läden und einem Kino ist diese Shoppingmall die größte in ganz Abu Dhabi.

(5) Iranischer Souk
Karte T1 ▪ Al Mina

Neben Pflanzen und Plastikwaren ist auf diesem Markt schönes Kunsthandwerk aus dem Iran zu haben.

(6) Fotouh Al Khair Mall
Karte R2 ▪ Sheikh Rashid bin Saeed Al Maktoum Street ▪ +971 2 622 2241 ▪ tägl. 10 – 22 Uhr ▪ www.fotouhalkhairmall.com

Abu Dhabis Expats mögen die Mall wegen der Filialen britischer Läden.

(7) Khalifa Centre
Karte T2 ▪ Al Miyani Street, Tourist Club Area ▪ +971 2 667 9900 ▪ Sa – Fr 10 – 13 & 16 – 22 Uhr

Perserteppiche, Kelims, Gebetsrollenhalter und Shishas gehören zum Angebot des kleinen Centers.

(8) Hamdan Street
Karte R2 – S2

An der immer belebten Hamdan bin Mohammed Street reihen sich Schmuckläden, Shops für arabische und Bollywood-Musik und Discountmärkte.

(9) The Galleria
Karte T2 ▪ Al Maryah ▪ +971 2 616 6999 ▪ tägl. 10 – 22 Uhr (Do & Fr bis 24 Uhr) ▪ www.thegalleria.ae

Auf drei Etagen bieten luxuriöse Boutiquen Marken aus aller Welt *(siehe S. 51)*.

(10) WTC Souk
Karte R2 ▪ World Trade Center Abu Dhabi ▪ +971 2 508 2400 ▪ tägl. 10 – 22 Uhr (Do & Fr bis 23 Uhr) ▪ www.wtcad.ae

Der schöne Souk im World Trade Center *(siehe S. 91)* bietet nicht nur hervorragende Kunsthandwerks- und Souvenirläden, man bekommt hier auch tolle Gewürze, Honig und andere Lebensmittel.

Angebot auf dem WTC Souk

Restaurants & Bars

Preiskategorien
Preis für ein Drei-Gänge-Menü pro Person mit einer halben Flasche Wein, inkl. Steuern und Service.

D unter 100 AED   **DD** 100 – 400 AED
DDD über 400 AED

1 Hanoi
Karte S2 ▪ Khalifa bin Zayed The First Street ▪ +971 2 626 1112 ▪ tägl. 11.30 – 22.30 Uhr ▪ D

Die klassischen Gerichte des vietna-mesischen Restaurants sind einfach, aber sehr gut.

2 Beijing
Karte R2 ▪ Madinat Zayed ▪ +971 2 621 0708 ▪ tägl. 11 – 24 Uhr ▪ D

Die Besitzer des beliebten Lokals beweisen, dass authentische chine-sische Küche nicht teuer sein muss.

3 Hakkasan
Karte N1 ▪ Emirates Palace ▪ +971 2 690 7999 ▪ tägl. 18 – 24 Uhr, Fr & Sa auch 12 – 15 Uhr ▪ DDD

Das preisgekrönte chinesische Res-taurant bietet hervorragende kanto-nesische Küche. Das ansprechende Interieur schufen die französischen Innenarchitekten Gilles & Boissier.

4 Zuma
Karte T2 ▪ The Galleria ▪ +971 2 401 5900 ▪ tägl. 12.30 – 15.30 & 19 – 24 Uhr (Do & Fr bis 1 Uhr) ▪ DD

In diesem stilvollen japanischen Restaurant kommen hervorragende Gerichte aus der Hauptküche, vom Robata-Grill oder von der Sushi-Theke *(siehe S. 48)*.

5 Zahrat Lebnan
Karte R2 ▪ Global Tower, Al Khalidya ▪ +971 600 500 502 ▪ tägl. 8 – 3 Uhr ▪ kein Alkohol ▪ D

Köstliche *mezze* wie Hummus und gefüllte Weinblätter, hervorragende Grillteller und süße Köstlichkeiten wie in Honig getränkte *baklava* loh-nen einen Besuch in dem authen-tisch libanesischen Lokal.

6 Vasco's
Karte N2 ▪ Radisson Blu Hotel & Resort, Corniche ▪ +971 2 692 4247 ▪ tägl. 12 – 15.30 & 19 – 23 Uhr ▪ DDD

Lassen Sie sich in dem schicken Restaurant exquisite europäische Gerichte mit feiner asiatischer Note schmecken.

Tisch mit prächtigem Ausblick

7 Talea
Karte N1 ▪ Emirates Palace ▪ +971 2 690 7999 ▪ Di – Fr 12.30 – 16, 18 – 23 Uhr, Sa, So 12.30 – 23 Uhr ▪ DDD

Das Talea bietet aufregende italie-nische Küche in gepflegtem Design.

8 Royal Orchid
Karte T2 ▪ Al Salam Street ▪ +971 2 677 9911 ▪ tägl. 12 – 23.30 Uhr ▪ kein Alkohol ▪ D

Das Atmosphäre des authentischen Thai-Restaurants ist bezaubernd.

9 India Palace
Karte T2 ▪ Al Salam Street ▪ +971 2 644 8777 ▪ tägl. 12 – 24 Uhr ▪ kein Alkohol ▪ D

In opulentem Raj-Dekor werden nordindische Spezialitäten serviert.

10 Jazz Bar & Dining
Karte N2 ▪ Radisson Blu Hotel & Resort, Corniche ▪ +971 2 692 4247 ▪ So – Fr 17 – 2 Uhr

Die Hotelbar lockt mit exzellenten Cocktails und Livejazz.

Siehe Karte S. 90f ←

TOP 10 Großraum Abu Dhabi

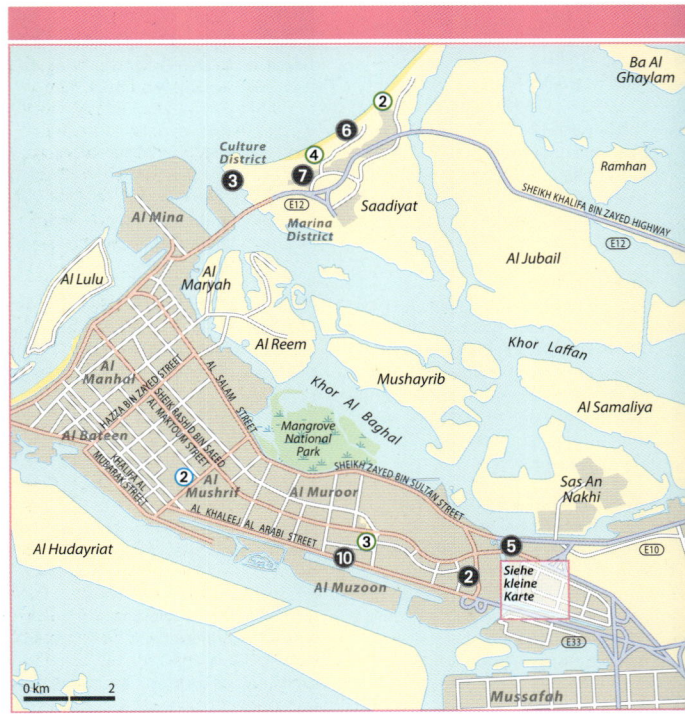

Rennwagen, Ferrari World Abu Dhabi

Rund ums Zentrum von Abu Dhabi entstehen viele aufregende Attraktionen, vor allem auf der Insel Saadiyat sollen in naher Zukunft eine Reihe erstklassiger Museen und große Vergnügungsparks Urlauber anlocken. Der Louvre Abu Dhabi, der in enger Kooperation mit dem berühmten Pariser Bruder steht, wurde dort bereits eröffnet. Auf der Insel Yas finden sich die Formel-1-Strecke von Abu Dhabi, die schicke Yas Marina und Vergnügungsparks wie Ferrari World und Yas Waterworld. Südöstlich vom Stadtzentrum kann man die imposante Scheich-Zayid-Moschee bewundern: Das moderne, mit weißem Marmor verkleidete Bauwerk präsentiert im Innern eine überwältigende Pracht.

1 Bain Al Jessrain
südöstlich vom Stadtzentrum
■ The Souk at Qaryat Al Beri: Sa–Do
10–22 Uhr, Fr 12–24 Uhr; +971 2 558
1670; www.soukqaryatalberi.com

Ein Großteil von Abu Dhabis Stadt-
gebiet erstreckt sich auf einer durch
den Meeresarm Khor Al Maqta vom
Festland getrennten Insel, die erst
1966 durch den Bau der Al-Maqta-
Brücke Straßenanbindung erhielt –
inzwischen führen hier drei Brücken
über den Creek, dessen Ufer einige
noble Hotels säumen. Das Gebiet auf
Festlandseite heißt Bain Al Jessrain
(»Zwischen den Brücken«) und birgt
u. a. The Souk at Qaryat Al Beri, wo
man auf zwei Etagen hübsche Boutiquen, Restaurants und Cafés vor-
findet. Der Souk gehört zum Komplex des Shangri-La Hotels *(siehe
S. 114)*, den reizvolle Kanäle nach ve-
nezianischem Vorbild durchziehen.

Scheich-Zayid-Moschee

**2 Scheich-Zayid-
Moschee**

Das imposante Gotteshaus ist
nach Scheich Zayid bin Sultan Al
Nahyan, dem ersten Präsidenten
der Vereinigten Arabischen Emirate, benannt und birgt auch die
Grabstätte des Herrschers. Die
Moschee steht auch Nichtmuslimen offen, Besucher sollten sich
allerdings an die Kleidungsvor-
schriften halten *(siehe S. 28f)*.

3 Louvre Abu Dhabi
Cultural District, Saadiyat
■ +971 600 565 566 ■ Di–So 10–
18.30 Uhr ■ Eintritt ■ www.louvre
abudhabi.ae

Das riesige, Ende 2017 eröffnete
Kunstmuseum – Bruder des berühmten Pariser Hauses – ist das
Herzstück des auf Saadiyat entste-
henden Kulturviertels. Der Bau des
französischen Architekten Jean
Nouvel erinnert an ein Ufo – silbrig
schimmernd und scheinbar schwe-
relos. Durch die kunstvoll perforierte
Kuppel fällt Tageslicht in die Räume,
wo wechselnde Ausstellungen (mit
dem Schwerpunkt islamische und
nahöstliche Kunst) Werke aus der
Louvre-Sammlung präsentieren.

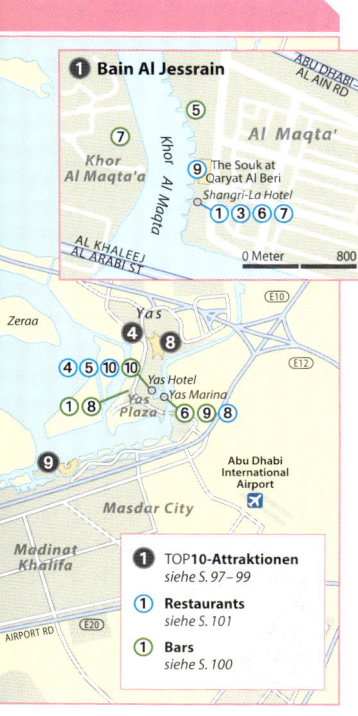

1 Bain Al Jessrain

⑤

⑦   Al Maqta'

Khor Al Maqta'a   **⑨** The Souk at
Qaryat Al Beri
Shangri-La Hotel
① ③ ⑥ ⑦

AL KHALEEJ
AL ARABI ST   0 Meter   800

ABU DHABI
AL AIN RD

Khor Al Maqta

Zeraa   **Yas**   E10

④ **⑧**   E12

④ ⑤ ⑩ ⑩
Yas Hotel
① ⑧ Yas Marina
Yas   ⑥ ⑨ ⑧
Plaza

⑨   Abu Dhabi
International
Airport ✈

Masdar City

*Madinat
Khalifa*   ① **TOP10-Attraktionen**
siehe S. 97–99

AIRPORT RD   E20   ① **Restaurants**
siehe S. 101

① **Bars**
siehe S. 100

Saadiyat Public Beach

④ Yas Waterworld
Yas ▪ +971 600 511 115 ▪ tägl.
10–20 Uhr ▪ Eintritt ▪ www.yaswater
world.com

Der beliebte Wasserpark *(siehe S. 45)*
bietet reichlich Spaß für Besucher
jeden Alters. Neben 40 eher rasanten Rutschen finden sich hier auch
ruhigere Vergnügungen. Wagemuti-
ge lockt die beinahe senkrecht ver-
laufende Rutsche »Jebel Drop«.
Wer zum Baden lieber das Meer auf-
sucht, findet am öffentlichen Sandstrand Yas Public Beach beste Bedingungen vor – samt Sonnenliegen
und Infinity Pool.

Yas Waterworld

⑤ Al-Maqta-Festung
Al Maqta'

Die kleine, rund 200 Jahre alte Festung neben der Al-Maqta-Brücke
diente einst zum Überwachen der
Hauptzufahrt nach Abu Dhabi. Der
sandfarbene Bau ist mit Schieß-
scharten ausgestattet, die hölzernen
Türen sind mit hübschem Schnitz-
werk versehen.

⑥ Saadiyat Public Beach
Saadiyat ▪ tägl. 8 Uhr bis Sonnenuntergang ▪ Eintritt frei; Gebühr
für Sonnenliegen und Schirme

Der weiße Sandstrand bietet Erho-
lung abseits des Trubels der Stadt.
Hier gibt es Duschen, Toiletten und
auch ein Café. Die gleich hinter dem
Strand liegenden Dünen dienen als
Lebensraum für seltene Pflanzen
und Tiere – Schildkröten legen hier
ihre Eier ab. In der Bucht sind gelegentlich Delfine zu sehen.

⑦ Manarat Al Saadiyat
Sheikh Khalifa Highway, Saadiyat ▪ +971 2 657 5800 ▪ tägl. 10–
20 Uhr ▪ www.manaratalsaadiyat.ae

Bis zur Fertigstellung aller Bauprojekte auf der Insel Saadiyat werden
wohl noch einige Jahre vergehen,
doch Neugierige erhalten im Besucherzentrum Manarat Al Saadiyat
anhand von Modellen der geplanten
Gebäude und weiterer Exponaten
einen lebendigen Eindruck von den
ambitionierten Vorhaben. Neben
dem Besucherzentrum steht der
eindrucksvolle UAE Pavilion, der von
Foster + Partners für die Expo 2010
in Shanghai entworfen wurde.

⑧ Ferrari World
Yas ▪ +971 600 511 115 ▪ tägl.
11–20 Uhr (Do – Sa bis 22 Uhr) ▪ Eintritt ▪ www.ferrariworldabudhabi.com

Der Vergnügungspark, der sich vor
der weltberühmten Automarke ver-
beugt, ist nach eigenen Angaben der
größte der Welt. Die ganz in Rot ge-

haltene Halle birgt eine ganze Reihe Fahrgeschäfte, zu den absoluten Highlights gehören der Formel-1-Simulator, der schwindelregende »Tower of Speed« und die schnellste Achterbahn der Welt.

⑨ Aldar Headquarters Building

Al Raha

Wenn man auf der Autobahn von Dubai nach Abu Dhabi fährt, fällt das außergewöhnliche Gebäude leicht ins Auge: Der Wolkenkratzer gilt als erster mit kreisrunder Gestalt. Das Bauwerk ähnelt einer gigantischen gläsernen Linse, durchzogen von einem diagonal verlaufenden Gitternetz. Weg mag, kann das imposante Atrium besichtigen.

⑩ Capital Gate

Al Khaleej Al Arabi Street

Das auch als »Schiefer Turm von Abu Dhabi« bezeichnete Gebäude zählt zu den faszinierendsten futuristischen Bauwerken der Stadt. Es wird im Guinnessbuch der Rekorde als der am stärksten (absichtlich) geneigte Turm der Welt verzeichnet. Die Neigung ist wesentlich stärker ausgeprägt als die des berühmten Schiefen Turms von Pisa. Beim Betrachten des Wolkenkratzers kann man durchaus den Eindruck gewinnen, das Gebäude würde jeden Moment ins Meer kippen.

Capital Gate

Tagestour

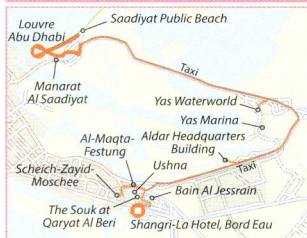

▶ Vormittags

Beginnen Sie den Tag mit einem Besuch im sensationellen **Louvre Abu Dhabi**, um sich islamischer Kunst und eindrucksvollen Werken aus dem Nahen Osten zu widmen. Verschaffen Sie sich im **Manarat Al Saadiyat** einen Überblick über die imposanten Bauprojekte auf der Insel, bevor Sie sich am **Saadiyat Public Beach** entspannen. Wer wenig Lust auf Kunst hat, fährt schon etwas früher nach Yas, um sich dort in der **Yas Waterworld** zu vergnügen. In der schicken **Yas Marina** bieten sich mehrere Restaurants für ein Mittagessen an.

Nachmittags

Auf der Weiterfahrt Richtung Zentrum können Sie das **Aldar Headquarters Building** bestaunen, dann lockt die imposante **Scheich-Zayid-Moschee** mit ihrem prächtigen Interieur und dem schönen Hof.

Gegen Abend geht es mit dem Taxi nach **Bain Al Jessrain**. Auf dem Weg liegt die 200 Jahre alte **Al-Maqta-Festung**. Erkunden Sie die hübschen Läden in **The Souk at Qaryat Al Beri** und kehren Sie rechtzeitig zum Sonnenuntergang ins **Ushna** *(siehe S. 101)* ein, um dort auf der Terrasse mit Blick auf den Khor Al Maqta einen Cocktail zu genießen. Der Tag endet mit einem Essen in einem der großartigen Restaurants des Areals. Romantisches Ambiente bietet das **Bord Eau** *(siehe S. 101)* im **Shangri-La Hotel** – der Blick von der Terrasse auf den Maqta Creek ist traumhaft schön.

Siehe Karte S. 96f

Bars

Theke der Y Bar

① Y Bar
Yas Island Rotana, Yas ▪ +971 2
656 4000 ▪ tägl. 12 – 2 Uhr (Do & Fr bis
3 Uhr)
Die Cocktailbar mit modernem Chic
hat auch eine hübsche Terrasse.

② Cabana 9
Saadiyat Beach Club, Saadiyat
▪ +971 2 656 3500 ▪ tägl. 10 Uhr bis
Sonnenuntergang
In der Poolbar am Ufer wird zum
Drink fantastischer Ausblick aufs
Meer geboten.

③ Relax@12
Aloft Abu Dhabi, Khaleej Al
Arabi Street ▪ +971 2 498 8008 ▪ tägl.
17 – 2 Uhr (Mi – Fr bis 3 Uhr)
Die Aussicht durch die wandhohen
Fenster der Hotelbar im zwölften
Stock ist herrlich. Zu guten Drinks
sind asiatische Snacks zu haben.

④ Buddha-Bar Beach
St. Regis Saadiyat Island Resort,
Saadiyat ▪ +971 2 498 8008 ▪ tägl. 12 –
1 Uhr (Do & Fr bis 2 Uhr)
Im Strandrestaurant des St. Regis
(siehe S. 114) genießt man exzellente
Cocktails, Musik und edles Flair.

⑤ Chameleon
Fairmont Bab Al Bahr, Bain Al
Jessrain ▪ +971 2 654 3238 ▪ Di – So
18 – 1 Uhr
Die Cocktailbar des Fairmont (siehe
S. 114) ist äußerst elegant und des-
halb nicht gerade preiswert.

⑥ Stars 'N' Bars
Emporium Building, Yas Marina
▪ +971 2 565 0101 ▪ tägl. 12 – 3 Uhr
Gute Küche, zwanglose Atmosphäre
und Spielautomaten locken in die
Sportbar amerikanischen Stils.

⑦ Sorso
The Ritz-Carlton Abu Dhabi,
Grand Canal ▪ +971 2 818 8282 ▪ tägl.
17 – 1 Uhr
Diese Sportbar der Luxusklasse er-
innert mit ihren Plüschsofas und
Lehnstühlen eher an einen Herren-
club, hat aber Burger auf der Karte.

⑧ Belgian Beer Café
Radisson Blu Hotel, Yas ▪ +971
2 656 2000 ▪ tägl. 12 – 2 Uhr (Do & Fr
bis 3 Uhr)
In der schicken Café-Bar lässt man
sich mittags und abends gern lecke-
res Essen und gutes belgisches Bier
schmecken.

⑨ Iris
Yas Yacht Club, Yas Marina
▪ +971 55 160 5636 ▪ Mi – So 18 – 3 Uhr
Die elegante Bar des Yachtclubs lädt
zu einem Drink mit Blick auf die Yas
Marina ein.

⑩ Skylite Rooftop Lounge
Yas Hotel, Yas ▪ +971 2 656 0600
▪ tägl. 18 – 1 Uhr (Fr ab 16 Uhr)
In der mit einem imposanten Holzdach versehenen Bar des eleganten
Yas Hotel (siehe S. 114) sorgen DJs
stets für passende Stimmung.

Siehe Karte S. 96f

Restaurants

1 **Bord Eau**
Shangri-La Hotel Qaryat Al Beri,
Bain Al Jessrain ▪ +971 2 509 8555
▪ So – Fr 18.30 – 23.30 Uhr ▪ DDD
Das edle Restaurant in nicht minder
edlen Shangri-La Hotel *(siehe S. 114)*
bietet Köstlichkeiten der französischen Küche – klassisch wie auch
mit moderner Note – und eine exzellente Weinauswahl *(siehe S. 48)*.

2 **Sardinia**
Abu Dhabi Country Club, Al
Mushrif ▪ +971 2 657 7640 ▪ tägl.
12 – 15 & 19 – 23 Uhr ▪ DD
Das preisgekrönte Restaurant kre-
denzt zwischen den einzelnen Menü-
Gängen kostenlose Amuse-Gueules.

3 **Entrecôte Café de Paris**
Souk Qaryat Al Beri, Bain Al
Jessrain ▪ +971 2 557 6508 ▪ tägl. 12 –
24 Uhr ▪ DD
In dem Ableger des Genfer Cafés
wird aus Tradition nur ein einziges
warmes Gericht serviert: Entrecôte
mit der berühmten Buttersauce.

4 **Amici**
Yas Hotel, Yas ▪ +971 2 656 0600
▪ tägl. 12.30 – 15 & 19 – 23 Uhr ▪ DD
Auf der Karte des italienischen Restaurants im Yas Hotel *(siehe S. 114)*
stehen leckere Antipasti, Holzofen-
pizzas und hausgemachte Pasta.

5 **Atayeb**
Yas Hotel, Yas ▪ +971 2 656 0600
▪ So – Fr 19 – 1 Uhr ▪ DD
Die traditionellen libanesischen und
syrischen Gerichte, die auf der wunderschönen Terrasse dieses behaglichen Restaurant serviert werden,
kommen vom Holzkohlegrill.

6 **Hoi An**
Shangri-La Hotel Qaryat Al
Beri ▪ +971 2 509 8555 ▪ tägl. 18 –
23.30 Uhr ▪ DD
Räumlichkeiten im Kolonialstil bilden einen schönen Rahmen für hervorragende vietnamesische Küche
(siehe S. 49).

Preiskategorien
Preis für ein Drei-Gänge-Menü pro Person
mit einer halben Flasche Wein, inkl. Steuern
und Service.

D unter 100 AED   **DD** 100 – 400 AED
DDD über 400 AED

7 **Shang Palace**
Shangri-La Hotel Qaryat Al Beri
▪ +971 2 509 8555 ▪ tägl. 12 – 15 & 19 –
23.30 Uhr ▪ DD
Im Shangri-La Hotel kann man auch
sehr gut chinesisch essen.

8 **Cipriani**
Yas Yacht Club, Yas Marina
▪ +971 2 304 8061 ▪ tägl. 18 – 24 Uhr
▪ DD
Hier genießt man authentisch italie-
nische – vor allem venezianische –
Gerichte aus saisonalen Zutaten bei
schönem Blick auf die Marina.

9 **Ushna**
Souk Qaryat Al Beri, Bain Al
Jessrain ▪ +971 50 387 4753 ▪ tägl.
12 – 23.30 Uhr ▪ DD
Das elegante nordindische Restaurant bezaubert auch durch seine
traumhafte Lage am Ufer.

10 **Angar**
Yas Hotel, Yas ▪ +971 2 656 0600
▪ Di – Do, Sa & So 19 – 23 Uhr, Fr 14 –
23 Uhr ▪ DD
Genießen Sie exzellente moderne
indische Küche in edlem Ambiente.

Restaurant Angar im Yas Hotel

Reise-Infos

Metro-Station Al Fahidi, Bur Dubai

Anreise & Vor Ort unterwegs

Flugreisen

Der **Dubai International Airport** (DXB) zählt zu den besten Flughäfen der Welt. Die staatliche Fluglinie **Emirates** hat dort mit Terminal 3 eine eigene, hochmoderne Abfertigungshalle, alle anderen Fluggesellschaften steuern Terminal 1 an.

Auch der **Abu Dhabi International Airport** (AUH) ist hochmodern. Hier kommen alle Passagiere in dem pilzförmigen Satellitenbau des Flughafens an.

Für Besucher, die ohne Visum in die Vereinigten Arabischen Emirate einreisen dürfen, geht die Abfertigung an diesen Flughäfen in der Regel zügig vonstatten. Alle anderen Reisenden müssen ein von der Botschaft der Vereinigten Arabischen Emirate ausgestelltes Visum vorlegen können und sich in die entsprechende Schlange einreihen.

Für die Fahrt mit dem Taxi vom Dubai International Airport ins Stadtzentrum gilt ein Basispreis von 25 AED. Nach Deira gelangt man für rund 50 AED, nach Jumeirah für etwa 75 bis 100 AED.

Die Terminals 1 und 3 des Dubai International Airport bieten Metro-Anschluss, es gibt aber auch mehrere Flughafenbusse, die Reisende ins Stadtzentrum bringen. Besonders nützlich ist der **Sky Bus Service (Terhab)**: Die Busse verkehren rund um die Uhr im 30-Minuten-Takt. Haltestellen finden sich an allen Terminals.

Vom Abu Dhabi International Airport kommt man mit dem Taxi für 70 bis 80 AED ins Stadtzentrum. Mit dem Flughafenbus A1 zahlt man dafür nur 4 AED pro Person. Fahrten in die Stadt dauern je nach Verkehr 30 bis 40 Minuten.

Schiffsreisen

In Dubai machen viele Kreuzfahrtschiffe halt. Anleger ist das **Dubai Cruise Terminal** in Port Rashid zwischen Jumeirah und Bur Dubai.

Anreise mit dem Auto

Die Grenzübergänge von Saudi-Arabien stehen nur Einwohnern aus den arabischen Mitgliedsstaaten der GCC offen. Der Oman bietet Urlaubern, die kein Visum für die Vereinigten Arabischen Emirate benötigen, derzeit an fünf Grenzübergängen Einreisemöglichkeiten.

Öffentlicher Nahverkehr

Um den öffentlichen Nahverkehr in Dubai kümmert sich die **Roads and Transport Authority (RTA)**. Am schnellsten kommt man in der Stadt mit der fahrerlosen **Dubai Metro** voran. Die beiden Linien – rot und grün – bringen Sie zu den meisten Sehenswürdigkeiten. Die Züge verkehren ab 5.30 Uhr – außer freitags, da wird erst ab 10 Uhr gefahren – bis Mitternacht (donnerstags bis 1 Uhr) im Fünf- bis Zehn-Minuten-Takt. Kinder unter fünf Jahren bzw. mit einer Körpergröße von unter 90 Zentimetern fahren gratis mit. Alle Züge verfügen über ein (etwas teureres) Gold-Class-Abteil und einen Frauen und Kindern vorbehaltenen Waggon.

Die **Dubai Tram** fährt in Bereiche der Stadt, die nicht von der Metro bedient werden. Die Strecke verläuft in einer Schleife um Dubai Marina sowie mehrere Kilometer die Küste entlang. Einige Haltestellen bieten Umsteigemöglichkeit in Metro bzw. Palm Monorail *(siehe S. 85)*. Die Bahnen fahren im Acht-Minuten-Takt von 6 bis 1 Uhr (freitags erst ab 9 Uhr). Die Buslinien der RTA fahren Viertel an, die von Urlaubern eher selten besucht werden.

In Abu Dhabi decken die Busse das **Integrated Transport Centre (ITC)** das gesamte Stadtzentrum ab, die Einzelfahrt kostet 2 AED. Es gibt regelmäßige Busverbindungen zwischen Dubai und Abu Dhabi. Von beiden Städten fahren auch Busse an andere Orte in den Emiraten.

Fahrkarten

Die öffentlichen Verkehrsmittel in Dubai operieren fast ausschließlich mit dem **Nol**-Fahrkartensystem. Tickets müssen vor Fahrtantritt an Automaten oder an Fahrkartenschaltern gekauft bzw. auf Karten geladen werden. Die preiswerteste Option ist die Red Card (2 AED), auf die man vorab bis zu zehn Einzelfahrten (à 4 AED) oder auch ein Tagesticket (20 AED) für die unbegrenzte Nutzung aller öffentlichen Verkehrsmittel laden kann. Die Silver, Gold und Blue Cards lassen sich mit Guthaben von bis zu 5000 AED aufladen. Für Metro, Tram und Bus gelten dieselben Fahrpreise (4 bis 8,50 AED je nach Zone).

Taxis

Sowohl in Dubai als auch in Abu Dhabi sind Taxis ein beliebtes und preiswertes Verkehrsmittel, man kann die Wagen in der Regel überall bequem an der Straße heranwinken. An den meisten Shoppingmalls gibt es Taxistände. Zu Stoßzeiten empfiehlt es sich, telefonisch ein Taxi zu ordern, auch wenn dafür eine Gebühr fällig ist. Die Wagen sind mit Taxameter ausgestattet. Der Fahrpreis pro Kilometer

beträgt 1,60 AED (nachts 1,69 AED). Hinzu kommt eine Grundgebühr, die in Dubai bei 5 AED (nachts 5,50 AED) und in Abu Dhabi bei 3,50 AED (nachts 4 AED) liegt. Der nächtliche Mindestfahrpreis (22 – 6 Uhr) liegt in Dubai bei 12 AED, in Abu Dhabi bei 10 AED. Renommierte Unternehmen sind die **Dubai Taxi Corporation** und **TransAD**.

Autofahren

Angesichts der verwirrenden Straßenführung, des hohen Verkehrsaufkommens und des eher aggressiven Fahrstils der Emiratis sollten sich in Dubai nur versierte Fahrer hinters Steuer setzen. Die zulässige Höchstgeschwindigkeit beträgt im Stadtverkehr 60 km/h, auf Landstraßen 80 km/h und auf Autobahnen 100 bis 120 km/h. Alkohol am Steuer ist verboten – wer erwischt wird, muss mit harten Strafen rechnen. In den Ankunftshallen der Flughäfen und in vielen Hotels finden sich Filialen

bekannter Mietwagenfirmen wie Avis, Budget, Europcar und Hertz. Der EU-Führerschein wird in den VAE akzeptiert.

Fähren

Die **Dubai Ferry** verkehrt dreimal täglich zwischen Bur Dubai und Dubai Marina. Tickets kosten 50 AED. Es werden auch Sightseeing-Fahrten angeboten. Auf dem Dubai Creek verbinden *abras* Deira und Bur Dubai, der Fahrpreis pro Person beträgt 1 AED. Für 120 AED pro Stunde kann man sich auch ein eigenes *abra* mieten.

Zu Fuß gehen

In Dubai sind nur die einzelnen Souks, die Marina und Al Fahidi fußgängerfreundlich, in Abu Dhabi lädt allein die Corniche zu Spaziergängen ein. Ansonsten muss man als Fußgänger grundsätzlich sehr achtsam sein, weil man von Autofahrern in der Regel schlicht ignoriert wird.

Flugreisen

Abu Dhabi International Airport
📶 abudhabiairport.ae

Dubai International Airport
📶 dubaiairports.ae

Emirates Airline
📶 emirates.com

Sky Bus Service (Terhab)
📶 dubai-buses.com/skybus

Schiffsreisen

Dubai Cruise Terminal
📶 dubaicruiseterminal.com

Öffentlicher Nahverkehr

Roads and Transport Authority (RTA), Dubai
📶 rta.ae

Integrated Transport Centre (ITC), Abu Dhabi
📶 itc.gov.ae

Dubai Metro
📶 dubai-metro.me

Dubai Tram
📶 alsufouhtram.com

Nol
📶 nol.ae

Taxi

Dubai Taxi Corporation
📞 +971 4 208 0808 (Taxiruf)
📞 +971 800 88 088 (Service-Hotline)
📶 dubaitaxi.ae

Abu Dhabi Taxi (TransAD)
📞 +971 600 535 353
📶 itc.abudhabi.ae

Fähren

Dubai Ferry
📶 dubai-ferry.com

Abu Dhabi Ferry
📶 itc.gov.ae

Praktische Hinweise

Einreise

Deutsche, Österreicher und Schweizer können ohne Visum in die Vereinigten Arabischen Emirate einreisen und bis zu 90 Tage bleiben. Sie benötigen nur einen noch mindestens sechs Monate gültigen Reisepass mit biometrischem Bild. Kinderreisepässe werden anerkannt, sofern sie ein Lichtbild enthalten. Die Einreise mit vorläufigem Reisepass ist nicht mehr möglich. Deshalb wird Reisenden zurzeit dringend empfohlen, rechtzeitig vor Reiseantritt (ggf. im Expressverfahren) einen regulären biometrischen Reisepass zu beantragen.

Zoll

Personen über 18 Jahren dürfen bei der Einreise 400 Zigaretten, 50 Zigarren, 500 Gramm Tabak und vier Liter Wein oder Spirituosen zollfrei einführen. Da Besucher in den Emiraten keinen Alkohol einkaufen dürfen, bleibt dafür nur der Duty-free-Shop am Flughafen.

Neben Waffen, Drogen, Falschgeld und pornografischem Material ist auch die Einfuhr von indizierten Publikationen verboten. Das betrifft vor allem Medien, die nackte Haut, Liebesszenen oder Drogenkonsum zeigen oder sich mit dem Staat Israel befassen. Auch E-Zigaretten und einige Medikamente sind untersagt. Weitere Informationen bietet die Website von **Dubai Customs**.

Reise- & Sicherheitshinweise

Deutsche, Österreicher und Schweizer erhalten auf den Websites ihrer Außenministerien Reisehinweise und Informationen über die aktuelle Sicherheitslage. Da es wegen unvorhersehbarer Entwicklungen jederzeit zu Änderungen und Einschränkungen kommen kann, stellen die Außenministerien von Deutschland, Österreich und der Schweiz zudem kostenlose Apps zur Verfügung, über die Reisende sofort von Veränderungen der Sicherheitslage erfahren.

Versicherung

Die ärztliche Versorgung in den Emiraten ist sehr gut, aber teuer. Daher ist eine Reisekrankenversicherung inklusive Rücktransport unabdingbar. Eine Absicherung bei Diebstahl oder Gepäckverlust ist zu erwägen.

Gesundheit

Für eine Reise in die VAE sind keine besonderen Impfungen erforderlich. Wappnen Sie sich gegen Dehydrierung, Sonnenbrand und Hitzschlag. Leitungswasser ist trinkbar, schlimmstenfalls muss Ihr Magen sich auf ungewohnte Bakterien einstellen.

In Dubai und Abu Dhabi haben viele Apotheken rund um die Uhr geöffnet.

Der Standard der Kliniken, privat wie öffentlich, ist hervorragend. In Notfällen geht die Versor-
gung in privaten Krankenhäusern oft schneller. Für Besucher empfehlen sich das **American Hospital** und das **Emirates Hospital** in Dubai sowie das **Burjeel Hospital** und die **Cleveland Clinic** in Abu Dhabi.

Es gibt in den Emiraten exzellente Zahnärzte, die nicht zu teuer sind.

Sicherheit & Notfälle

Kleinkriminalität ist in den Emiraten nahezu unbekannt, trotzdem sollte man nicht offen mit großen Geldscheinen hantieren. In Souks versuchen mitunter Betrüger, Fälschungen zu verkaufen. Männliche Besucher werden in der Altstadt von Dubai zuweilen von Prostituierten angesprochen.

Benötigen Sie in einer Notlage die **Polizei**, wählen Sie die Notrufnummer 999, unter der Sie auch die **Ambulanz** erreichen. Die **Feuerwehr** hat die Nummer 997.

Die größte Gefahr lauert auf den Straßen – es gibt sehr viele Verkehrstote. Autofahrer nehmen auf Fußgänger keinerlei Rücksicht. Falls Sie sich in einem Taxi unwohl fühlen, weil der Fahrer rast, mahnen Sie diesen ruhig zu einer gelasseneren Fahrweise. Wer selbst fährt, sollte vor allem bei Regen und bei aufziehenden Sandstürmen vorsichtig sein. Wenn Sie einen Autounfall haben, rufen Sie die Polizei. Bewegen Sie Ihren Wagen nicht, bevor ein Polizist Sie dazu auffordert.

Alleinreisende Frauen müssen sich in den Emiraten nicht vor Belästigungen fürchten, sofern sie sich an die Gebräuche halten. In Taxis sollten sie auf der Rückbank Platz nehmen, in Bussen in den Frauen vorbehaltenen Bereichen. In vielen Banken gibt es eigene Warteschlangen für Frauen – Kundinnen werden dann bevorzugt behandelt.

Die Vereinigten Arabischen Emirate sind ein islamischer Staat. Wer religiöse Gesetze missachtet, kann Schwierigkeiten bekommen. Autofahrer dürfen keinen Tropfen Alkohol trinken. Frauen müssen sich dezent kleiden und dürfen weder Dekolleté noch Rücken oder Oberarme zeigen. In Sharjah dürfen Frauen nur beim eigenen Mann im Auto sitzen. So-

wohl in Dubai als auch in Abu Dhabi wurden schon Ausländer verhaftet, weil sie sich in der Öffentlichkeit – insbesondere während des Ramadan – zu zärtlich miteinander umgingen.

Drogenkonsum ist in den VAE streng verboten. Auch einige Medikamente, darunter kodeinhaltige Arzneien und Antidepressiva, fallen unter das Drogengesetz. Missachtung wird hart geahndet – bis hin zur (bislang nicht angewendeten) Todesstrafe.

Homosexualität ist in den VAE illegal und wird hart bestraft. Unter aus Zentralasien und Indien stammenden Einwohnern ist Handhalten lediglich ein Zeichen der Freundschaft. Emiratis begrüßen sich zuweilen, indem sie ihre Nasen aneinanderreiben. Diese Geste ist

vergleichbar mit dem in Europa üblichen Wangenkuss.

Sollten Sie aus irgendeinem Grund verhaftet werden, unterschreiben Sie keinesfalls arabische Schriftstücke! Rufen Sie Ihre **Botschaft** an, die Ihnen dann einen zweisprachigen Anwalt schickt. Die Botschaften von Deutschland, Österreich und der Schweiz befinden sich in Abu Dhabi, in Dubai gibt es Konsulate dieser Länder.

Fundsachen verwahrt **Police Lost and Found**. Wer etwas im Taxi liegen gelassen hat, wendet sich ans entsprechende Unternehmen *(siehe S. 105)*. Beim Verlust von Reisedokumenten kontaktieren Sie Ihre Botschaft, wer seine Kreditkarte verliert, sollte diese sofort sperren lassen *(siehe S. 109)*.

Zoll

Dubai Customs
🌐 dubaicustoms.gov.ae

Reise- & Sicherheitshinweise

🌐 auswaertiges-amt.de
🌐 bmeia.gv.at
🌐 eda.admin.ch

Gesundheit

American Hospital (Dubai)
📞 +971 4 337 5500
🌐 ahdubai.com

Emirates Hospital (Dubai)
📞 +971 800 444 444
🌐 emirateshospital.ae

Burjeel Hospital (Abu Dhabi)
📞 +971 2 508 5555
🌐 burjeel.com

Cleveland Clinic (Abu Dhabi)
📞 +971 800 222 33
🌐 clevelandclinicabudhabi.ae

Dental Studio - Al Wasl (Dubai)
📞 +971 4 519 3700
🌐 thedentalstudio.ae

Dental Experts Center (Abu Dhabi)
📞 +971 2 681 0060
🌐 dentexp.com

Notfälle

Polizei & Ambulanz
📞 999

Feuerwehr
📞 997

Deutsche Botschaft
Abu Dhabi Mall / Towers at the Trade Center, 14th Floor West Tower, Abu Dhabi
📞 +971 2 596 7700
🌐 abu-dhabi.diplo.de

Österreichische Botschaft
Sky Tower, Office 507, Al Reem, Abu Dhabi
📞 +971 2 694 4999
🌐 bmeia.gv.at/oeb-abu-dhabi

Schweizerische Botschaft
Centro Capital Center Building, Floor 17, Capital Center / ADNEC Area, Khaleej Al Arabi Street, Abu Dhabi
📞 +971 2 627 4636
🌐 eda.admin.ch/uae

Fundsachen

Police Lost and Found
📞 901 (Dubai)
📞 +971 2 699 9999 (Abu Dhabi)

Behinderte Reisende

Sowohl in Dubai als auch in Abu Dhabi gibt man sich viel Mühe, behinderten Reisenden ihren Aufenthalt zu erleichtern. Die meisten modernen Einrichtungen sind barrierefrei zugänglich. Viele Shoppingmalls sind mit Rampen und behindertengerechten Toiletten ausgestattet.

Ein Großteil der modernen Hotels in Dubai und Abu Dhabi bieten Zimmer mit behindertengerechter Ausstattung, preiswerte Unterkünfte sind dagegen meist schlecht auf behinderte Reisende eingestellt.

Der öffentliche Nahverkehr und die Flughäfen der beiden Städte bieten Menschen mit Behinderung exzellenten Service. In der Dubai Metro gibt es ein Blindenleitsystem und auch Fahrpläne in Blindenschrift. Die Wagen verfügen über spezielle Sitzbereiche für Rollstuhlfahrer.

In Dubai wie auch in Abu Dhabi kann man telefonisch ein **People of Determination Taxi** bzw. ein **Special Needs Taxi** mit kompetentem Fahrer ordern.

Geld & Kreditkarten

Der VAE-Dirham wird Dh oder AED abgekürzt. Es gibt Banknoten zu 5, 10, 20, 50, 100, 200, 500 und 1000 Dirham und Münzen zu 5, 10, 25 und 50 Fils sowie zu einem Dirham. 100 Fils sind ein Dirham. 5- und 10-Fils-Münzen sind im Alltag kaum von Bedeutung – Beträge werden in der Regel auf die nächsten 25 Fils auf- bzw. abgerundet.

Der VAE-Dirham ist an den US-Dollar gekoppelt: Ein US-Dollar entspricht 3,67 AED, alle anderen Wechselkurse sind flexibel. Wechselstuben gibt es am Flughafen und in vielen Shoppingmalls, am einfachsten ist es aber, sich die hiesige Währung mit Debit- oder Kreditkarte am Automaten zu holen.

Die meisten Geldautomaten in Dubai und Abu Dhabi akzeptieren gängige Kreditkarten und die Girocard mit Maestro-Logo. Debitkarten, die das Bezahlsystem VPay nutzen, funktionieren außerhalb Europas nicht. Lehnen Sie die Option »Sofortumrechnung« ab, da hier durch einen extrem schlechten Wechselkurs erhebliche Kosten entstehen.

Abgesehen von traditionellen Souks und sehr kleinen Läden benötigen Sie in den VAE kaum Bargeld – Kreditkarten sind hier gängiges Zahlungsmittel. **Kreditkartenverlust** sollten Sie sofort melden und die Karte sperren lassen.

Telefon & Internet

Die Vorwahlen 04 für Dubai und 02 für Abu Dhabi sind nur außerhalb des jeweiligen Emirats vonnöten. Um vom Ausland in die Vereinigten Arabischen Emiraten anzurufen, wählt man die Ländervorwahl 00971, dann 4 für Dubai bzw. 2 für Abu Dhabi und die Anschlussnummer. Handys haben hier die Vorwahl 050 oder 055 (aus dem Ausland 00971 50/55).

Die in Europa gängigen GSM-Handys funktionieren auch in den VAE. Die staatliche Telekommunikationsgesellschaft **Etisalat** bietet für Besucher praktische Prepaid-Pakete samt SIM-Karte mit lokaler Rufnummer und WLAN-Guthaben: Die »Visitor Line« gilt 90 Tage, kostet 100 AED und ist bei Etisalat und in einigen Lebensmittelläden zu haben.

Hotspots von Etisalat bieten an den Flughäfen, in Businesscentern, in Shoppingmalls sowie in manchen Restaurants und Cafés WLAN-Zugang. Wer keine Prepaidkarte hat, bezahlt online mit Kreditkarte.

Post & Kurierdienste

Briefmarken erhält man in den Filialen der **Emirates Post** und in einigen Schreibwarenläden. Briefe nach Europa sind etwa zehn Tage unterwegs.

Die Post bietet auch Paketlieferungen auf dem Landweg und per Luftpost an, zuverlässiger sind jedoch Kurierdienste, die die Sendungen bei Ihnen im Hotel abholen. Vertrauenswürdige Unternehmen sind **Aramex**, **DHL** und FedEx.

Zeitungen, TV & Radio

In den Vereinigten Arabischen Emiraten werden einige englischsprachige Tageszeitungen herausgegeben. Um Konflikte mit der Regierung zu vermeiden, ist die Berichterstattung entsprechend gemäßigt. Die beste ist *The National*, aber auch

Gulf News ist zu empfehlen. Das Onlinemagazin *Emirates 24/7* liefert aktuelle Informationen in englischer Sprache.

Die englischsprachige Fernsehanstalt **Dubai One** zeigt neben einigen regionalen Programmen auch US-amerikanische Fernsehshows und Filme. Zu den englischsprachigen Radiosendern zählt **Virgin Radio Dubai** (104,4 FM), doch viel Interessantes kommt hier nicht über den Äther.

Öffnungszeiten

Anders als bei uns fällt das Wochenende in den Vereinigten Arabischen Emiraten auf Freitag und Samstag. Öffnungszeiten sind nicht gesetzlich festgelegt und variieren entsprechend. Im Allgemeinen haben Shoppingmalls und Supermärkte täglich von 10 bis 22 Uhr geöffnet, am Wochenende oft länger. Kleine Läden folgen in der Regel den Öffnungszeiten großer Einkaufszentren, schließen allerdings mitunter kurz nach Mittag für ein paar Stunden.

Behörden arbeiten von 7 bis etwa 15 Uhr, private Firmen im Allgemeinen von 9 bis 16 Uhr.

Die Öffnungszeiten von Museen variieren sehr stark, einige Einrichtungen haben nachmittags geschlossen.

Zeit

Die Vereinigten Arabischen Emirate sind der Mitteleuropäischen Zeit drei, im Sommer nur zwei Stunden voraus. Es gilt also Mitteleuropäische Zeit plus 3 bzw. 2.

Strom

Die Netzspannung in den VAE beträgt 220 Volt / 50 Hertz. Die Steckdosen variieren, manchmal passen Stecker mit drei Pins, manchmal Eurostecker mit zwei Pins. Die meisten Hotels halten Adapter bereit, es gibt diese aber auch in Supermärkten.

Beste Reisezeit

In den Vereinigten Arabischen Emiraten herrscht trockenes, subtropisches Klima mit geringem Niederschlag. Das Land gilt als Reiseziel mit ganzjähriger Sonnenscheingarantie. Die Durchschnittstemperatur beträgt im Winter 20 °C, im Sommer liegt sie bei stolzen 45 °C. Am angenehmsten ist es hier im Oktober/November und im März/April.

Im Winter locken das Dubai Shopping Festival, Global Village und große Sportevents *(siehe S. 53)* Besucher an. Den extrem heißen Sommer sollte man besser meiden, auch wenn Hotels dann verlockend günstig sind.

Der Fastenmonat Ramadan, der sich wie alle islamischen Feste nach dem Mondkalender richtet, bietet viel Einblick in Traditionen, ist für nicht muslimische Besucher aber oft eine Herausforderung. Dann sind tagsüber nicht nur viele Einrichtungen und Läden geschlossen, es ist auch verboten, in der Öffentlichkeit zu essen, zu trinken, zu rauchen und Musik zu hören. Beim Iftar (Fastenbrechen) nach Sonnenuntergang geht es in Restaurants und Malls umso lebhafter zu.

Behinderte Reisende

People of Determination Taxi, Dubai
☏ +971 4 208 0808
🌐 dubaitaxi.ae

Special Needs Taxi, Abu Dhabi
☏ +971 600 535 353
🌐 itc.abudhabi.ae

Kreditkartenverlust

Allgemeiner Notruf
☏ +49 116 116
🌐 116116.eu

American Express
☏ +49 69 9797 1000

Diners Club
☏ +49 69 900 150 135

MasterCard
☏ +49 800 071 3542

Visa
☏ +49 800 811 8440

Girocard
☏ +49 6974 0987

Telefon & Internet

Etisalat
🌐 etisalat.ae

Post & Kurierdienste

Emirates Post
🌐 emiratespost.ae

Aramex
🌐 aramex.com

DHL
🌐 dhl.ae

FedEx
🌐 fedex.com/ae

Zeitungen, TV & Radio

The National
🌐 thenationalnews.com

Gulf News
🌐 gulfnews.com

Emirates 24/7
🌐 emirates247.com

Dubai One
🌐 dubaione.ae

Virgin Radio Dubai
🌐 virginradiodubai.com

Information

Es gibt weder in Dubai noch in Abu Dhabi Informationsbüros, doch die zuständigen Behörden – Dubais **Department of Tourism and Commerce* Marketing (DTCM)** und die **Abu Dhabi Tourism & Culture Authority (ADTCA)** – betreiben Websites mit nützlichen Hinweisen für Besucher.

Die Magazine *Time Out Dubai* und *Time Out Abu Dhabi* enthalten umfassende Tipps zu Kunst und Kultur. Auch das Magazin *What's On* informiert über Veranstaltungen. Karten für Konzerte und andere Events bekommt man bei **800Tickets**.

Für Lokalnachrichten greift man am besten auf Tageszeitungen zurück *(siehe S. 108f)*, doch wenn es um Schnäppchen, Aktionen oder ähnliche Informationen rund um Essen, Fitness, Wellness oder Freizeitgestaltung in Dubai geht, ist die App von **The Entertainer** eine prima Quelle.

Auch die Blogs **Dubai at Random** und (für Restaurants) **I Live in a Frying Pan** lohnen einen Blick. Detaillierte praktische Hinweise liefert die recht trocken und altmodisch aufgebaute, aber durchaus hilfreiche Website **DubaiFAQs**.

Ausflüge & Touren

Diverse Veranstalter in Dubai und in Abu Dhabi bieten Wüstentouren *(siehe S. 32f)*, Ausflüge in Nachbaremirate oder Dinnerfahrten mit *dhows* an, ein bekanntes Unternehmen ist Adventure Planet Tourism *(siehe S. 33)*. **Big Bus Tours** bietet sowohl in Dubai als auch in Abu Dhabi Stadtrundfahrten in Hop-on-Hop-off-Bussen an. In Dubai sorgt Wonder Bus *(siehe S. 54)* für besondere Eindrücke.

Für Rundfahrten auf dem Dubai Creek gibt es reichlich Anbieter *(siehe S. 16f)*, man kann allerdings auch ein *abra* mieten oder mit Dubai Ferry *(siehe S. 105)* eine Sightseeing-Fahrt machen.

Das Sheikh Mohammed Centre for Cultural Understanding veranstaltet tolle geführte Spaziergänge durch Al Fahidi *(siehe S. 55)*, mit **Frying Pan Adventures** kann man das kulinarische Dubai erkunden und **Royal Shaheen** bringt Besuchern im Dubai Desert Conservation Reserve *(siehe S. 33)* die Falknerei näher. Wer die Bergwelt in den VAE oder im Oman erkunden möchte, kann sich an **UAE Trekkers** oder **Absolute Adventure** wenden.

Emirates Helicopter Tours bieten Gelegenheit, Dubai und Abu Dhabi aus der Luft zu betrachten.

Shopping

Dubai und Abu Dhabi bieten im Wesentlichen zwei Shoppingerlebnisse: moderne Malls und traditionelle Souks. Das breite Spektrum der allgegenwärtigen Shoppingmalls reicht vom Konsumtempel bis zum schlichten Einkaufszentrum. Zahlreiche arabische und internationale Ketten betreiben dort ihre Filialen und alle akzeptieren sie Kreditkarten. Läden wie **Grand Stores** (Elektronikartikel), **Paris Gallery** (Parfum) und **Damas** (Schmuck) sind in nahezu allen Malls vertreten.

In traditionellen Souks *(siehe S. 26f)* gehört Feilschen zum guten Ton und wird erwartet. Die Läden und Stände bieten meist alles für den täglichen Bedarf, aber auch für Besucher reizvolle Waren wie Gold, Gewürze, Parfum, gefakte Designerartikel und Antiquitäten. Mit Kreditkarten kommt man dort selten weiter, in der Regel wird bar gezahlt.

Essen gehen

Die Auswahl an Lokalen ist groß in Dubai und Abu Dhabi. Das Spektrum reicht von preiswerten arabischen Cafés bis zu edlen Restaurants mit preisgekrönten Küchenchefs.

Neben klassischen Gerichten aus dem Nahen Osten – darunter auch traditionelle arabische Spezialitäten, die oft als »libanesisch« bezeichnet werden – kann man iranische und marokkanische Speisen kosten. Auch indische, italienische und chinesische Restaurants sind in Dubai und Abu Dhabi sehr beliebt.

Viele preiswerte Lokale richten sich an die hier ansässigen Asiaten, es gibt aber auch zahlreiche Cafés, die arabische Kost wie *shawarma* zu günstigen Preisen servieren.

Gehobene Restaurants befinden sich meist in Hotels und Resorts – das Ambiente reicht von traditionell arabisch bis zu ultramodern. Viele Restaurants bieten Tische im Freien oder gar große

Terrassen am Meer, zuweilen mit Shisha-Spots.

Trinkgeld wird nicht erwartet, doch natürlich freut sich das Personal über eine kleine Anerkennung, wenn man mit Qualität und Service zufrieden war. Manche Lokale erheben zehn Prozent Servicezuschlag. Da zusammen mit Steuern bis zu 25 Prozent des Rechnungsbetrags anfallen können, sollte man vorab prüfen, ob Service und Steuern im angegebenen Preis enthalten sind.

Mit Ausnahme der ganz noblen Etablissements sind in Restaurants auch Kinder willkommen.

Unterkunft

Auch die Auswahl an Unterkünften ist in Dubai und Abu Dhabi immens. Vorherrschend sind in beiden Städten moderne Hotels, in Dubai gibt es jedoch auch einige charmante Pensionen in traditionellen Häusern. Auch Apartments für Selbstversorger sind zu haben. **Golden Sands** bietet als führendes Unternehmen in Abu Dhabi sehr komfortabel ausgestattete Wohnräume an.

Die Bandbreite an gehobenen Unterkünften reicht von Luxushotels in futuristischen Wolkenkratzern bis zu weitläufigen Resorts in opulentem arabischen Dekor. Preiswerte Hotels finden sich meist in unscheinbaren, zweckmäßig gestalteten Gebäuden.

Die größte Hotelkette Dubais – die **Jumeirah Group** – betreibt die Herrscherfamilie des Emirats. Die Häuser sind äußerst luxuriös. Dennoch sind in Dubai wie auch in Abu Dhabi noch andere international bekannte Ketten durchaus gut vertreten.

Unterkünfte kann man online über die gängigen Portale oder direkt auf der Website des Hotels buchen. Die Preise variieren beträchtlich und ändern sich mitunter wöchentlich. Oft ist das Buchen samt Flug zu erwägen. Im Winter sind die Preise am höchsten, der Sommer ist vielen Urlaubern zu heiß und Zimmer sind entsprechend günstig. Während der Eid-Fests sind Hotels besonders teuer. Die Preise reichen von rund 250 AED für ein schlichtes Doppelzimmer in einem einfachen Haus bis zu gut vierstelligen Beträgen in den Luxushotels. Da in den von den Hotels genannten Preisen die Steuern oft nicht enthalten sind, sollte man sich vorab nach den zu erwartenden Zuschlägen erkundigen – sie können bis zu 25 Prozent betragen.

Information

Department of Tourism and Commerce Marketing (DTCM)
🔲 visitdubai.com

Abu Dhabi Tourism & Culture Authority (ADTCA)
🔲 visitabudhabi.ae

Time Out Dubai
🔲 timeoutdubai.com

Time Out Abu Dhabi
🔲 timeoutabudhabi.com

What's On
🔲 whatson.ae

800Tickets
🔲 800tickets.com

The Entertainer
🔲 theentertainerme.com

Dubai at Random
🔲 dubaiatrandom.blogspot.co.uk

I Live in a Frying Pan
🔲 iliveinafryingpan.com

DubaiFAQs
🔲 dubaifaqs.com

Ausflüge & Touren

Big Bus Tours
📞 +971 4 340 7709 (Dubai)
📞 +971 800 244 287 (Abu Dhabi)
🔲 bigbustours.com

Frying Pan Adventures
📞 +971 56 471 8244
🔲 fryingpanadventures.com

Royal Shaheen
📞 +971 800 656 0713
🔲 royalshaheen.ae

UAE Trekkers
📞 +971 55 886 2327
🔲 uaetrekkers.com

Absolute Adventure
📞 +971 4 392 6463
🔲 adventure.ae

Emirates Helicopter Tours
📞 +971 50 458 9831
🔲 emirateshelicoptertours.com

Shopping

Grand Stores
🔲 grandstores.com

Paris Gallery
🔲 parisgallery.com

Damas
🔲 damasjewellery.com

Unterkunft

Golden Sands
🔲 goldensandsdubai.com

Jumeirah
🔲 jumeirah.com

Hotels

Luxushotels in Dubai

Dusit Thani
Karte C6 ■ Sheikh Zayed Road, DIFC ■ +971 4 343 3333 ■ www.dusit.com/dusitthani/dubai ■ DD
Von der »Sawadee ka«-Begrüßung bis zu den Häppchen – das ist Thai-Gastlichkeit. Geschäftsleute schätzen die großen Zimmer; die Club Rooms bieten reizvolle Extras.

Fairmont Dubai
Karte E5 ■ Sheikh Zayed Road, Al Satwa ■ +971 4 332 5555 ■ www.fairmont.com/dubai ■ DD
Das stilvolle Hotel ist ein idealer Ausgangspunkt für Business, Shopping und Sightseeing.

Grosvenor House
Karte B2 ■ Dubai Marina ■ +971 4 399 8888 ■ www.grosvenorhouse-dubai.com ■ DD
Exzellent ausgestattete Zimmer bieten schönen Blick auf Marina oder Meer. Gäste nutzen den Strand (samt Sporteinrichtungen) des Schwesterhotels Royal Méridien.

Jumeirah Emirates Towers
Karte D6 ■ Sheikh Zayed Road ■ +971 4 330 0000 ■ www.jumeirahemirates towers.com ■ DD
Das elegante Businesshotel in einem der beiden Emirates Towers (siehe S. 70) präsentiert eine prächtige Lobby. Der Boulevard an der Basis der Türme birgt tolle Restaurants und Läden.

Radisson Blu Hotel, Dubai Deira Creek
Karte L2 ■ Baniyas Road, Deira ■ +971 4 222 7171 ■ www.radissonblu.com ■ DD
Dubais erstes Fünf-Sterne-Hotel liegt schön zentral. Die kleinen Balkone der gut ausgestatteten Zimmer bieten Blick auf den Dubai Creek. Zum Haus gehören exzellente Bars und Restaurants.

Shangri-La Hotel
Karte C5 ■ Sheikh Zayed Road ■ +971 4 343 8888 ■ www.shangri-la.com/dubai ■ DD
Das Hotel überzeugt mit erstklassigem Service, schönen modernen Zimmern in asiatischem Stil und mehreren hervorragenden Restaurants.

Grand Hyatt Dubai
Karte H6 ■ Al Qataiyat Road, Bur Dubai ■ +971 4 317 1234 ■ www.hyatt.com ■ DDD
Die riesige Anlage bietet nicht nur herrlichen Ausblick auf Creek Park und Dubai Creek Golf & Yacht Club, sondern auch ein ansprechendes Interieur, tolle Restaurants und einen sehr schönen Regenwald-Wintergarten mit *dhows* an der Decke.

Palace Downtown
Karte C6 ■ Sheikh Mohammed bin Rashid Boulevard, Downtown Dubai ■ +971 4 428 7888 ■ www.theaddress.com ■ DDD
Die idyllische Hotelanlage (siehe S. 41) mit Blick auf die Dubai Fountain hält für Gäste prächtige, in pseudoarabischem Stil gestaltete Zimmer bereit. Zum Haus gehören drei Restaurants, mehrere Bars und ein Spa. Geschäftsreisende finden eine exzellente Ausstattung vor. Trotz der Nähe zur Dubai Mall wohnt man hier herrlich ruhig.

Raffles Dubai
Karte H6 ■ Wafi City, Sheikh Rashid Road ■ +971 4 324 8888 ■ www.raffles.com/dubai ■ DDD
Im Raffles weiß man Gemütlichkeit mit Luxus und perfektem Service zu verbinden. Der markante pyramidenförmige Bau in Nachbarschaft der Wafi Mall birgt große Gästezimmer mit herrlicher Aussicht (siehe S. 40).

Luxusresorts in Dubai

Le Méridien Mina Seyahi Beach Resort & Marina
Karte B2 ■ Al Sufouh Road, Dubai Marina ■ +971 4 399 3333 ■ www.marriott.com ■ DD
Das Resort ist etwas in die Jahre gekommen und bietet daher günstigere Zimmer, als die Lage erwarten lässt. Es erscheint schlicht, verfügt jedoch über einen wunderbaren Strand und Palmengärten mit mehreren Pools.

The Westin Dubai Mina Seyahi Beach Resort & Marina

Karte B2 ▪ Al Sufouh Road, Dubai Marina ▪ +971 4 399 4141 ▪ www.westin minaseyahi.com ▪ DD

Die Zimmer des stilvollen Hotels mit fantastischem Blick auf den Persischen Golf sind allesamt geräumig und sehr gut ausgestattet, doch nicht alle haben Balkon. Neben Bars und Restaurants sowie Spa und Fitnesscenter gehört zu dem Resort auch ein tolles Wassersportcenter.

Atlantis, The Palm

Karte B1 ▪ Palm Jumeirah ▪ +971 4 426 0000 ▪ www. atlantisthepalm.com ▪ DDD

Der riesige Komplex auf Palm Jumeirah verfügt über eine große Auswahl an Zimmern mit Blick auf den Golf. Den ultimativen Luxus bieten die »Lost Chambers«-Suiten mit Unterwasserblick in die Lagune. Familien freuen sich über Einrichtungen wie den Wasserpark, das Delfinarium und den Kinderclub (siehe S. 41).

Burj Al Arab Jumeirah

Karte C1 ▪ Jumeirah Road ▪ +971 4 301 7777 ▪ www. jumeirah.com ▪ DDD

In Sachen Service übertrifft Dubais führendes Luxushotel und Wahrzeichen wohl alle Vorstellungen. Es beginnt bei der Anfahrt im Rolls-Royce, reicht über Erfrischungen, kalte Tücher, Räucherstäbchen und Datteln zur Begrüßung in der prachtvollen Lobby und gipfelt beim eigenen Butler für die Doppelsuite. Das Interieur mag

manchem Gast protzig erscheinen, doch der herrliche Ausblick versöhnt schnell (siehe S. 41).

FIVE Palm Jumeirah

Karte B1 ▪ No. 1, Palm Jumeirah ▪ +971 4 455 9999 ▪ www.fivehotelsand resorts.com ▪ DDD

Das schicke Resort am Fuß von »The Palm« gibt einen kleinen Einblick in den Jetset-Lifestyle, den man in Dubai pflegen kann. Das umfasst atemberaubende Sonnenuntergänge und tolle Drinks in The Penthouse, dem Club auf dem Dach, oder süditalienische Aromen im Quattro Passi, dem italienischen Restaurant des Hauses (siehe S. 41).

Jumeirah Al Qasr

Karte C2 ▪ Madinat Jumeirah ▪ +971 4 366 8888 ▪ www.madinatjumeirah. com ▪ DDD

Das opulente Hotel trägt den Namen »Der Palast« zu Recht (siehe S. 40). Es präsentiert riesige Holztüren, grazile Bogen und nordafrikanische Steinverzierungen. Wohin man auch blickt, sieht man Mashrabiya-Gitter, marokkanische Lampen und große Terrakottavasen. Ein traumhafter weißer Sandstrand und der Blick auf Mina A'Salam und Burj Al Arab runden das Vergnügen ab.

Jumeirah Zabeel Saray

Karte B1 ▪ Palm Jumeirah ▪ +971 4 453 0000 ▪ www. jumeirah.com ▪ DDD

Das extravagante Resort (siehe S. 40), gestaltet im Stil eines osmanischen Palasts, bietet mitunter verblüffend preiswerte Angebote. Auf Gäste war-

ten mehrere Restaurants und Bars, ein Infinity Pool und ein herrlicher Strand.

Jumeirah Mina A'Salam

Karte C2 ▪ Madinat Jumeirah ▪ +971 4 366 8888 ▪ www.madinatjumeirah. com ▪ DDD

Antike Türme im Jemen und in Saudi-Arabien und Windtürme, wie sie sich in Al Fahidi finden, inspirierten die Architektur des Resorts, dessen Zimmer arabische Polster, orientalische Lampen und traditionelle Fliesen zieren. Von den Balkonen blickt man auf die hübsch angelegten Kanäle von Madinat Jumeirah und auf den Palmenstrand.

Nikki Beach Resort & Spa

Karte E1 ▪ Pearl Jumeirah ▪ +971 4 376 6000 ▪ www. nikkibeach.com ▪ DDD

An der Uferpromenade von Pearl Jumeirah erstreckt sich dieses schicke Strandresort, in dem das für tollen Freitagsbrunch bekannte Café Nikki und der beliebte Nikki Beach Club mit schöner Shisha-Terrasse locken (siehe S. 40).

One & Only Royal Mirage

Karte B2 ▪ Al Sufouh Road, Dubai Marina ▪ +971 4 399 9999 ▪ www.oneand onlyresorts.com ▪ DDD

Das marokkanisch anmutende Hotel inmitten von mit Teichen durchsetzten Palmengärten zählt wohl zu den romantischsten Resorts der Welt (siehe S. 41). Am weißen Sandstrand mit Blick auf Palm Jumeirah stehen elegante Sonnenschirme und VIP-Pavillons.

The Ritz-Carlton

Karte B2 ■ **The Walk at JBR, Dubai Marina** ■ +971 4 399 4000 ■ www.ritz carlton.com ■ DDD

Das Luxushotel erfüllt alle Erwartungen, die der Name weckt: Marmor, Kronleuchter, Perserteppiche und Blumen, wohin man blickt. Besonders reizvoll sind die Palmengärten und der weiße Sandstrand (siehe S. 40).

Luxushäuser in Abu Dhabi

Anantara Eastern Mangroves

Karte V3 ■ **Al Salam Street** ■ +971 2 656 1000 ■ www. abu-dhabi.anantara.com ■ DD

Mit den ausgedehnten Mangrovensümpfen vor der Tür vereint das im arabischen Stil gestaltete Hotel Luxus und Natur. Es gibt ein Spa und mehrere gute Restaurants.

Fairmont Bab al Bahr

Karte V4 ■ **Bain Al Jessrain** ■ +971 2 654 3333 ■ www. fairmont.com/babalbahr ■ DD

Trotz seiner Größe besitzt das Hotel eine heimelige Atmosphäre. Die mit großen Bädern ausgestatteten Zimmer bieten Blick auf den Khor al Maqta und die Scheich-Zayid-Moschee. Das Haus bietet ein Fitnesscenter, zwei von Marco Pierre White geführte Restaurants und einen privaten Strand.

InterContinental Abu Dhabi

Karte N2 ■ **Al Bateen Street** ■ +971 2 666 6888 ■ www.intercontinental. com ■ DD

Das Fünf-Sterne-Hotel im eher ruhigen Westen des Stadtzentrums lockt mit einem schönen Strand, einem riesigen Pool und mehreren ausgezeichneten Restaurants.

Jumeirah at Etihad Towers

Karte N2 ■ **Corniche Road West** ■ +971 2 811 5555 ■ www.jumeirah.com ■ DD

Gäste dieses schicken Hotels, das in einem der fünf futuristischen Etihad Towers (siehe S. 93) untergebracht ist, können sich über schöne moderne Zimmer mit exzellenter Ausstattung, drei Pools und einen Privatstrand freuen.

Park Hyatt Abu Dhabi

Karte V2 ■ **Saadiyat Beach** ■ +971 2 407 1234 ■ www. hyatt.com ■ DD

Die Lage an einem neun Kilometer langen Strandabschnitt ist ein Traum. Eines der beliebtesten Luxushotels in Abu Dhabi liegt gar nicht weit vom Stadtzentrum entfernt und ist doch eine Oase der Ruhe. Kinder haben Spaß im »Camp Hyatt«, das auf dem Hotelgelände verschiedenste Aktivitäten für drinnen und draußen anbietet.

Shangri-La Hotel Qaryat Al Beri

Karte V4 ■ **Bain Al Jessrain** ■ +971 2 509 8888 ■ www. shangri-la.com ■ DD

Das im arabischen Stil gestaltete Hotel bietet Zimmer mit Blick auf den hauseigenen Strand oder einen der Pools. Zu der großen Anlage gehören ein schönes Spa und gute Restaurants sowie The Souk at Qaryat Al Beri (siehe S. 97) mit reizvollen Lokalen und Läden.

Sofitel Abu Dhabi Corniche

Karte S1 ■ **Corniche Road East** ■ +971 2 813 7777 ■ www.sofitelabudhabi corniche.com ■ DD

Das Interieur des noch recht jungen Hotels im Zentrum von Abu Dhabi zeigt sich modern. Von den obersten Stockwerken des Gebäudes mit Art-déco-Anklängen eröffnet sich ein herrlicher Ausblick. Die elegante Hotelbar Jazz & Fizz zählt zu den beliebtesten Treffs der Gegend.

St. Regis Saadiyat Island Resort

Karte V2 ■ **Saadiyat** ■ +971 2 498 8888 ■ www.stregis saadiyatisland.com ■ DD

Auf der Insel Saadiyat erstreckt sich an einem herrlichen Strand dieses große moderne Resort. Die im toskanischen Stil gestalteten Gebäude wirken etwas übertrieben, doch dafür entschädigen die üppigen Gärten rundum mit schöner ländlicher Atmosphäre. Die Anlage bietet hervorragende Restaurants und einen sensationellen Pool.

Yas Hotel

Karte W4 ■ **Yas** ■ +971 2 656 0000 ■ www.marriott. com ■ DD

Das schöne Hotel an der Yas Marina ist gehoben, lockt mitunter aber mit erstaunlich günstigen Angeboten. Das Interieur prägt moderner Chic – von den wunderbaren Zimmern bis zu den Restaurants und Bars. Die eindrucksvolle Dachkonstruktion wird abends beleuchtet. Gleich daneben liegt Abu Dhabis Formel-1-Strecke.

Emirates Palace
Karte N1 ■ **Corniche Road West** ■ +971 2 690 9000 ■ www.emiratespalace. com ■ DDD
In diesem unfassbar opulent ausgestatteten Hotel (siehe S. 30f) wählen die werten Gäste zwischen Coral, Pearl und Diamond Rooms oder Khaleej und Palace Suites. In allen Zimmern und Suiten genießt man Plasmafernseher, Internet und Extras wie Begrüßungscocktails, Obst und Blumen. Natürlich gibt es auch persönlichen Butlerservice. Dass die Minibar kostenlos ist, fällt da wohl kaum mehr ins Gewicht.

Gästehäuser & Mittelklassehotels in Dubai

Ahmedia Heritage Guest House
Karte K1 ■ **Al Ras, nahe Al-Ahmadiya-Schule, Deira** ■ +971 4 225 0085 ■ www. heritagedubaihotels.com ■ D
In dem netten Gästehaus in Deira kann man das alte Dubai erleben. Das helle Gebäude mit Innenhof bietet recht geräumige, traditionell eingerichtete Zimmer am Dubai Creek.

Arabian Courtyard Hotel & Spa
Karte K2 ■ **Al Fahidi Street, Al Seef, Bur Dubai** ■ +971 4 351 9111 ■ www.arabian courtyard.com ■ D
Das schöne Haus lockt mit zentraler Lage, fantastischem Blick aufs historische Viertel Al Fahidi (siehe S. 18f), komfortablen Zimmern im arabischen Stil, freundlichem Personal und der Nähe zum Dubai Museum.

Barjeel Heritage Guest House
Karte J1 ■ **Al Shindagha, Bur Dubai** ■ +971 4 354 4424 ■ www.heritage dubaihotel.com ■ D
Neun traditionell eingerichtete Gästezimmer warten in diesem Haus in exzellenter Lage am Dubai Creek. Das hauseigene Restaurant bietet gute einheimische Küche.

Golden Sands Hotel Apartments
Karte J2 ■ **Al Mankhool Street, Bur Dubai** ■ +971 4 355 5553 ■ www.golden sandsdubai.com ■ D
Die wohnlichen Studios für Selbstversorger verfügen alle über Küchenzeilen, Telefon und TV. Zu den Supermärkten und Läden von Bur Dubai ist es nicht weit. Ein Bus fährt Gäste gratis nach Jumeirah.

Ibis World Trade Centre
Karte E6 ■ **DWTC, Sheikh Zayed Road** ■ +971 4 332 4444 ■ www.ibishotel.com ■ D
Eine von Dubais preiswertesten Hoteloptionen bietet zwar kleine, aber gepflegte und durchaus elegante Zimmer in hervorragender Lage. Sparsame wird freuen, dass hier keinerlei Zuschläge lauern – allerdings hilft auch niemand mit dem Gepäck. Das hauseigene Restaurant Cubo serviert italienische Küche.

Orient Guest House
Karte K2 ■ **Al Fahidi, Bur Dubai** ■ +971 4 353 4448 ■ www.heritagedubai hotel.com ■ D
Das bezaubernde Boutiquehotel ist in einem wunderschön sanierten

Haus in Al Fahidi untergebracht. Die traditionell gestalteten, hohen Zimmer lassen arabisch-indisches Flair spüren. Im Innenhof kann man nach einem langen Tag voller Sightseeing hervorragend entspannen.

Raintree Hotel
Karte L5 ■ **Al Garhoud Road, Deira** ■ +971 4 209 5111 ■ www.raintree hotelsdubai.com ■ D
In zentraler Lage unweit der Shoppingmall City Centre Deira bietet dieses preiswerte, aber tadellos geführte Hotel komfortable Zimmer, guten Service, ein Fitnesscenter und eine Dachterrasse mit Pool.

XVA Art Hotel
Karte K2 ■ **Al Fahidi, Bur Dubai** ■ +971 4 353 5383 ■ www.xvahotel.com ■ D
Das Boutiquehotel in einem sorgsam restaurierten Haus mit Innenhof (siehe S. 19) bietet außer einem Café keine Extras, aber reichlich Atmosphäre und künstlerisches Flair. Die Zimmer zeigen elegant minimalistischen Stil. Gäste des freundlichen Hauses hören den Gebetsruf durchs Viertel Al Fahidi schallen.

Four Points by Sheraton
Karte J2 ■ **Khalid bin Al Waleed Road, Bur Dubai** ■ +971 4 397 7444 ■ www. fourpointsburdubai.com ■ DD
Geschäftsleute und Reisende auf Zwischenstopp in Dubai schätzen dieses Hotel in der Nähe von Bur-Dubai-Souk, Dubai Museum, Burjuman Mall und dem historischen Viertel Al Fahidi.

Jumeirah Creekside Hotel

Karte E2 ■ Al Garhoud ■ +971 4 230 8555 ■ www.jumeirah.com ■ DD
Moderne Kunst ziert die schönen Räume des zeitgemäßen Hotels. Die Ausstattung ist exzellent, der Blick auf den Dubai Creek fantastisch.

Mittelklassehotels in Abu Dhabi

Al Ain Palace Hotel

Karte S2 ■ Corniche Road East ■ +971 2 599 6000 ■ www.alainpalacehotel.com ■ D
Auch wenn das Hotel in die Jahre gekommen ist, sorgen die großen behaglichen Zimmer und die freundliche Atmosphäre noch immer für einen angenehmen Aufenthalt. Im Haus gibt es Restaurants und Bars, in denen man nach dem Sightseeing entspannen kann.

Andaz Capital Gate

Karte U3 ■ Capital Gate ■ +971 2 596 1234 ■ www.hyatt.com ■ D
Das schicke und doch preisgünstige Hotel im Capital Gate, dem »Schiefen Turm von Abu Dhabi« (siehe S. 99), bietet seinen Gästen moderne Zimmer, einen großen Pool und ein schönes Spa. Von den obersten Stockwerken hat man eine herrliche Aussicht.

Radisson Blu Hotel & Resort

Karte N2 ■ Corniche Road West ■ +971 2 681 1900 ■ www.hilton.com ■ D
Das Haus, das 45 Jahre lang als Hilton Abu Dhabi bekannt und beliebt war, empfängt seine Gäste seit Anfang 2019 unter neuem Namen. Die großartigen Restaurants und Bars, die vor allem von Abu Dhabis Expats sehr geschätzt wurden, sind noch dieselben und auch an den schönen Pools und dem von Palmen gesäumten Strand an der Corniche – mit vielen Wassersportmöglichkeiten – hat sich nichts geändert. Einige der geräumigen schönen Zimmer bieten Blick auf den Persischen Golf.

Le Royal Méridien

Karte S1 ■ Khalifa bin Zayed The First Street ■ +971 2 674 2020 ■ www.lemeridien.com ■ D
Die hübsch eingerichteten Zimmer des modernen Hotels bieten Blick auf die Corniche und den Persischen Golf. Die ummauerten Gärten bergen mehrere schöne Pools.

Novel Hotel City Center

Karte R2 ■ Hamdan bin Mohammed Street ■ +971 2 633 3555 ■ www.danathotels.com ■ D
Dem Haus ist sein Alter anzumerken, doch es punktet mit toller Lage und niedrigen Preisen. Von den Zimmern in den oberen Stockwerken hat man schöne Aussicht.

Corniche Hotel

Karte S1 ■ Khalifa Street ■ +971 2 614 6000 ■ www.cornichehotelabudhabi.com ■ D
Wer Eleganz zu günstigen Preisen sucht, ist hier richtig. Von den geräumigen Zimmern blickt man über die Corniche und das Meer bis zur Insel Al Lulu. Das Hotel mit kleinem Pool liegt sehr praktisch für die Erkundung des Zentrums.

Sheraton Abu Dhabi Hotel & Resort

Karte T1 ■ Corniche Road East ■ +971 2 677 3333 ■ www.marriott.com ■ D
Das schöne Resort liegt direkt an der Corniche. Es bietet eine Reihe toller Restaurants, gute Wassersportmöglichkeiten und einen sehr hübschen Shisha-Spot am Strand.

Southern Sun

Karte T1 ■ Al Mina Street ■ +971 2 818 4888 ■ www.tsogosun.com/southern-sun-abu-dhabi ■ D
Trotz toller Lage und schicker Aufmachung ist das einladende Hotel erfreulich preiswert. Es verfügt über ein Fitnesscenter, eine Dachterrasse mit Pool und erstklassige Restaurants.

Traders Hotel Qaryat Al Beri

Karte V4 ■ Bain Al Jessrain ■ +971 2 510 8888 ■ www.shangri-la.com/abudhabi/traders ■ D
Das Hotel bietet Blick auf den Khor Al Maqta, guten Service und eine Eleganz, die man bei den Preisen nicht vermutet. Die Zimmer zeigen modernen minimalistischen Stil. Neben dem Privatstrand des Hauses steht Gästen auch ein kleiner Pool zur Verfügung.

Beach Rotana

Karte T2 ■ 10th Street, Al Zahiyah ■ +971 2 697 9000 ■ www.rotana.com/beachrotana ■ DD
Das Resort im Zentrum Abu Dhabis lockt mit eleganten Zimmern, einem kleinen Strand, Beach Club mit Spa, sehr schönem Blick auf die Insel Al Maryah sowie guten Restaurants und Bars.

Für Kartenverweise außerhalb des Zentrums von Abu Dhabi siehe Extrakarte

Hotels fernab Dubai & Abu Dhabi

Fujairah Rotana Resort & Spa

Al Aqah Beach, Fujairah
▪ +971 9 244 9888 ▪ www.
rotana.com/fujairahrotana
resortandspa ▪ D

In dem Luxusresort in Fujairah (siehe S. 55) kann man sich prima entspannen und erholen. Elegantes Ambiente und exzellente Ausstattung genießt man hier zu wesentlich günstigeren Preisen als in vergleichbaren Hotels in Dubai oder Abu Dhabi.

Al Ain Rotana

120th Street, Al Ain ▪ +971 3 754 5111 ▪ www.rotana.com/alainrotana ▪ DD

Das beste Hotel in Al Ain (siehe S. 54) bietet in zentraler Lage die für Fünf-Sterne-Häuser typische Ausstattung. Tagsüber laden zauberhafte Gärten und Pools zum Relaxen ein. Abends warten hervorragende Restaurants wie das arabische Min Zaman oder das lebhafte Trader Vic's.

Anantara Qasr Al Sarab

nahe Hameem, Abu Dhabi
▪ +971 2 886 2088 ▪ www.
qasralsarab.anantara.com
▪ DD

Beim Anblick des festungsähnlichen Wüstenresorts nahe der Liwa-Oase (siehe S. 54) denkt so mancher unweigerlich an Lawrence von Arabien. Die nahezu unberührte Gegend ist wohl die schönste in den gesamten VAE. Die Zimmer bieten die Ausstattung eines Fünf-Sterne-Hotels, es gibt aber auch kleine Villen mit Pools und Butlerservice (siehe S. 33).

Ajman Hotel

Sheikh Humaid bin Rashid Al Nuaimi Street, Ajman
▪ +971 6 714 5555 ▪ www.
hotelajman.com ▪ DD

Das nördlich von Sharjah (siehe S. 54) im kleinen Emirat Ajman gelegene Hotel bietet erholsame Entspannung abseits jedes Trubels, wie er im nahen Dubai herrscht. Das Haus ist nicht das neueste, doch dank des reizvollen Privatstrands, des herrlichen Pools und der bezaubernden Gärten kann man hier als Gast eine wunderschöne Zeit verleben.

Le Méridien Al Aqah Beach Resort

Dibba Road, Fujairah
▪ +971 9 244 9000 ▪ www.
lemeridien-alaqah.com
▪ DD

Am Al Aqah Beach in Fujairah (siehe S. 55) lockt ein weiteres Luxusresort: Das vor der Kulisse des Hajar-Gebirges schön gelegene Fünf-Sterne-Haus mit seinem riesigen Park zählt zu den Wahrzeichen an der Küste. Taucher schätzen das Resort als idealen Ausgangspunkt für Ausflüge.

Meliá Desert Palm

Al Awir Road, Dubai
▪ +971 4 323 8888 ▪ www.
desertpalm.ae ▪ DD

Das einladende Resort liegt etwa 20 Minuten vom Flughafen entfernt am Stadtrand von Dubai und dient dort als behagliche Oase der Ruhe abseits des Zentrums. Die hervorragend ausgestatteten Zimmer haben sogar eigene Pools. Zum Haus gehört auch ein sehr gutes Spa. Die umliegenden Polofelder sorgen für ländliches Flair.

Al Maha Desert Resort & Spa

Dubai Desert Conservation Reserve, Al Ain Road
▪ +971 4 832 9900 ▪ www.
al-maha.com ▪ DDD

Auf der Anlage im Zentrum des Dubai Desert Conservation Reserve (siehe S. 32) – nur 60 Kilometer von der Stadt entfernt – ziehen seltene Wildtiere frei umher. Die luxuriösen Zeltunterkünfte verfügen sogar über Tauchbecken.

Desert Islands Resort & Spa

Sir Bani Yas, Abu Dhabi
▪ +971 2 801 5400 ▪ www.
anantara.com/desert-islands-sir-bani-yas ▪ DDD

Die in den 1970ern von Scheich Zayid bin Sultan Al Nahyan zum Naturschutzgebiet erklärte Insel Sir Bani Yas, 90 Minuten vom Zentrum Abu Dhabis entfernt, ist ein reizvoller Urlaubsort – in unmittelbarer Nachbarschaft leben Giraffen und Arabische Oryx. Anantara betreibt hier neben diesem opulenten Resort auch die luxuriösen Villa-Resorts Al Yamm und Al Sahel.

Bab Al Shams Desert Resort & Spa

Al Qudra Road, Dubai
▪ +971 4 809 6498
▪ www.meydanhotels.
com/babalshams ▪ DDD

Das fantastische Wüstenresort im Stil einer alten arabischen Festung (siehe S. 32) liegt keine Stunde von Dubai entfernt. Es bietet einen imposanten Infinity Pool, das Restaurant Al Hadheerah, wo man unter freiem Himmel speist, und Aktivitäten wie Kamelritte und Falknervorführungen.

Textregister

Bildnachweis & Impressum

Autoren

Lara Dunston verbrachte fünf Jahre in Abu Dhabi und drei Jahre in Dubai. Sie schrieb mehrere Reiseführer über die Vereinigten Arabischen Emirate sowie Reisereportagen für verschiedene internationale Zeitungen und Zeitschriften.

Sarah Monaghan lebte fünf Jahre lang in Dubai und war dort Redakteurin beim Hochglanzmagazin *Emirates Woman*. Heute schreibt sie Beiträge für Reisemagazine und internationale Publikationen.

Mitautor Gavin Thomas

DK London

Lektorat
Georgina Dee, Vivien Antwi, Sophie Adam, Ankita Awasthi Tröger, Michelle Crane, Alice Fewery, Rachel Fox, Sally Schafer, Akanksha Siwach, Jackie Staddon, Hilary Bird

Überarbeitete Neuauflage
Avanika, Sumita Khatwani, Shikha Kulkarni, Arushi Mathur, Bandana Paul, Azeem Siddiqui, Avantika Sukhia, Priyanka Thakur, Stuti Tiwari, Suha Halaseh

Gestaltung und Bildredaktion
Phil Ormerod, Tessa Bindloss, Rahul Kumar, Marisa Renzullo, Ankita Sharma, Vinita Venugopal, Subhadeep Biswas, Taiyaba Khatoon, Ellen Root

Umschlaggestaltung
Richard Czapnik

Kartografie
Suresh Kumar, James McDonald, Casper Morris, Reetu Pandey

Herstellung
Jason Little, Luca Bazzoli

Erstauflage Quadrum Solutions, Mumbai

Bildnachweis

l = links, r = rechts, o = oben, u = unten, m = Mitte.

Wir haben uns bemüht, alle Copyright-Inhaber zu ermitteln. Sollte das in einigen Fällen nicht gelungen sein, bitten wir, dies zu entschuldigen. In der nächsten Auflage werden wir Versäumtes gern nachholen.

DK dankt folgenden Personen, Unternehmen und Bildarchiven für die Erlaubnis, Fotos zu reproduzieren:

123RF.com bloodua 45ml, Luciano Mortula 93ml, pio3 73mlo, Fedor Selivanov 92u, Oleg Zhukov 26mlu.

Alamy Stock Photo age fotostock 14mlo, arabianEye FZ LLC 13or, Asia Photopress 27ol, AVI Pictures 29ol, Chronicle 36mlu, Tibor Bognar 61ol, Yvette Cardozo 14ur, China Span/Keren Su 2or, 34/35u, Dallet-Alba 64mlo, eye35.pix 84u, Stuart Forster 98mlu, Godong 21ol, Hemis 49ur, 66u, imageBROKER 59ol, John Kellerman 4mru, Feroz Khan 11ur, LH Images 10mo, 18ul, Nino Marcutti 7mr, 42u, Iain Masterton 48ml, 71ur, 85mlo, 91ur, Middle East 16mlo, Lewis Oliver 10mlu, Robertharding 96ol, Urbanmyth 98o, WorldTravel 65or.

Armani Hotel 12mlu.

Art Space 39o.

Asha's 69ur.

Atlantis, The Palm 41u, 84ul, Lost Chambers Aquarium 83u.

Atlantis, The Palm – Aquaventure 44o.

AWL Images Peter Adams 2ol, 8/9, Walter Bibikow 65u, Alan Copson 4mlu, Danita Delimont Stock 15mu, Norbert Eisele-Hein 4ml, Karol Kozlowski 1, Nick Ledger 4u.

Burj Al Arab 4mro, 11or, 24mr, 25ol, 25mro, Skyview Bar 46o.

Burj Khalifa 12/13.

Creekside 62mlu.

Dreamstime.com Altayebamer 51or, Cristian Andriana 54/55, 55o, Badahos 11or, Beijing Hetuchuangyi Images Co. Ltd. 22/23, Carabiner 79mlo, Dvrcan 33ol, Elnur 28ol, Gmv 45ol, Hayk Harutyunyan 3or, 102/103, Laszlo Halasi 13ul, Ilonawellington 20/21, Joyshuai 77ur, Patryk Kosmider 30/31, 52o, 97ol, Lexandr Lexandrovich 32mlu, Lika66 53or, Manowar1973 51ml, 83mo, Miramcor 22ul, Luciano Mortula 10or, 28/29, Manoj Mundapat 54m, Outcast85 94mlo, Photobac 88/89, Pivart 7ol, Romrodinka 7mlm, Eq Roy 58mlo, Seqoya 24/25, Konstantin Stepanenko 4mlo, Petr Švec 28ur, 82mo, Swisshippo 14/15, 15or, 30ul, TasFoto 17ul, 50ol, Tea 71ol, Topdeq 10ml, Typhoonski 90ml, 99ul, Thor Jorgen Udvang 42m, Shao Weiwei 11mlu, Oleg Zhukov 11mlo, 33mru, 60ul.

Dubai Creek Golf & Yacht Club 16/17, 60o.

Dubai Mall 6ur.

Emirates Palace Abu Dhabi 95mro.

Emirates Tower 70ml.

Getty Images AFP 37ml, Jon Arnold 66or, Allan Baxter 91o, Mark Daffey 78ol, Oliver Furrer 42ol, Matilde Gattoni 49ol, John Harper 78u, Kami Kami 92mlo, AFP/Karim Sahib 20mlu, Dan Kitwood 44ul, Sebastiaan Kroes 94ur, Jean-Pierre Lescourret 68o, Maremagnum 26/27, Iain Masterton 72ol, Chris Mellor 67ul, Tuul & Bruno Morandi 10ur, Francois Nel 43or, Frans Sellies 53mlu, Sylvain Sonnet 17ol, 18mo, David Steele 59ur, Rudy Sulgan 27ur, Jochen Tack 31or, ullstein bild 77o.

iStockphoto.com Asia-Pacific Images Studio 4o, Frankvanden Bergh 32/33, Dblight 37ur, Chandra Dhas 55mru, Shao Weiwei 31ul, Userc62c9d2b_968 3ol, 56/57.

Jumeirah Zabeel Saray 40mlu.

JW Marriott Marquis Hotel Dubai Vault 74m.

Kaffeemuseum 18/19, 52ul.

Karma Kafé 75ul.

Madinat Jumeirah Bahri Bar 47mlu, 81mro, Shimmers 47or.

Omega Dubai Desert Classic 43ml.

One & Only Royal Mirage 41ol, 48u, 86ul, The Rooftop 46mlu, Tagine 87mlo.

Phocal Media 21mru, 29mru.

Qasr Al Sarab Desert Resort by Anantara 33ul.

Radisson Blu Hotel / The China Club 63mlo.

Raffles Dubai 40ur.

Robert Harding Picture Library Michael DeFreitas 50u.

Souk Madinat Jumeirah 80u.

Tabari Artspace 39o.

The Third Line 38mlo.

Towers Rotana Dubai Long's Bar 74or.

XVA Art Hotel & Gallery 19ur, Nathan Root 39ur.

Y Bar 100o.

Yas Hotel Abu Dhabi Atayeb 101ur.

Umschlag

Vorderseite & Buchrücken:
Dreamstime.com Sophiejames.
Rückseite: **Alamy Stock Photo** Iain Masterton ol, **iStockphoto.com** adrian825 mru, kertu_ee mlo, majaiva or.

Extrakarte

Dreamstime.com Sophiejames.

Alle anderen Bilder © Dorling Kindersley. Weitere Informationen unter
www.dkimages.com

Penguin
Random
House

Titel der englischen Originalausgabe
DK Eyewitness TOP10 Dubai & Abu Dhabi
© Dorling Kindersley Limited, London, 2007, 2019
Ein Unternehmen der
Penguin Random House Group
Alle Rechte vorbehalten

Text © by Lara Dunston & Sarah Monaghan

© der deutschsprachigen Ausgabe by Dorling Kindersley Verlag GmbH, München, 2007, 2022
Ein Unternehmen der
Penguin Random House Group
Alle deutschsprachigen Rechte vorbehalten

Aktualisierte Neuauflage 2023/2024

Verlagsleitung Monika Schlitzer
Programmleitung Heike Faßbender
Redaktionsleitung Stefanie Franz
Herstellungskoordination Antonia Wiesmeier
Covergestaltung Sabine Hüttenkofer

Übersetzung Annika Schroeter, München
Redaktion Bernhard Lück, Augsburg
Schlussredaktion Philip Anton, Köln

Satz & Produktion DK Verlag
Druck Vivar Printing, Malaysia

MIX
Papier | Fördert
gute Waldnutzung
FSC® C018179

ISBN 978-3-7342-0701-3
10 11 12 25 24 23 22

www.dk-verlag.de

Sprachführer

Aussprache

a	wie in »Rabe«
'a	gepresster, ganz hinten in der Kehle gebildeter Reibelaut
ä	wie in »Bäder«
ch	wie in »lachen«
dsch	wie in engl. »Jim«
e	wie in »Held«
gh	ungerolltes Gaumen-r wie in »Karin«
i	wie in »Lied«
q	stimmloser Verschlusslaut, im Hals gesprochen, tiefer als »k«
th	wie in engl. »three«
w	wie in engl. »wine«
z	stimmhaftes s, wie in »Reise«

Notfälle

Hilfe!	an-nadschat!
Stopp!	qif!
Ich suche einen Arzt.	uried al-tabieb.
Ich suche eine Apotheke.	uried as-sajdalija.
Wo ist das nächste Telefon?	ejne aqrab telefun?
Wo ist ein Krankenhaus?	ejne al-musteschfa?
Ich habe mich verletzt.	dscherhet nafsie.

Grundbegriffe & Redewendungen

Ja/Nein	na'am/lä
Danke	schukran
Nein danke	lä schukran
Bitte (als Bitte um etwas)	min fadlika
Bitte (als Antwort)	tafadall
Guten Morgen	seba al-chäir
Guten Abend	mesä al-chäir
Gute Nacht	tushih 'ala chäir
Auf Wiedersehen	ma'a as-selläme
Entschuldigen Sie bitte	min fadlika
heute	al-jaum
gestern	ems
morgen	bukra
hier	hune
dort	hunäk
Was?	ma?
Wann?	metä?
Wer?	men?
Wo?	ejne?
Wohin?	ile ejne?
Warum?	li mäzä?
Wie?	kejfe?
Ich verstehe nicht.	lä efhem.
Sprechen Sie Deutsch/Englisch?	hel tetekellem älmänie/ingliezie?
Ich spreche nicht Arabisch.	lä ätekellem 'arabie.
Ich weiß nicht.	lä 'arif.
Bitte sprechen Sie langsamer.	tekellem bischeklin 'abtän min fadlika.
Ich heiße …	ismie …
Wie geht's?	kejfe haluke?
Das tut mir leid!	äsif!
Lassen Sie mich in Ruhe!	utrukie wä schänie!
Können Sie mir helfen?	tastati 'a musä'adatie?
Ich möchte …	uried …
Wo bekomme ich …?	ejne juged …?

Wie viel kostet es?	bikem?
Um wie viel Uhr?	fie äjet sä'at?
Nehmen Sie Kreditkarten?	hel taqbal Visa?
Wo ist die Toilette?	ejne al-tuwalet?
Das ist nett von Ihnen!	lutfun minke!
Ausgezeichnet!	mumtaz!
links	jesar
rechts	jemien
oben	fauq
unten	esfel
Wenn Allah will.	inschala.
Willkommen!	merhaba!
Auf dein/Ihr Wohl!	fi sihatika!
Alles Gute!	atieb al-umnijän!

Telefonieren

Darf ich Ihr Telefon benutzen?	mumkin est'amel hätif?
Was kostet ein Anruf nach …?	bikem mukellemet ile …?
Hallo, hier spricht …	allo, yetekellem …
Ich möchte … sprechen.	uried etekellem m'a …
Kann ich eine Nachricht hinterlassen?	mumkin etruk chabar?

Im Hotel

Gibt es freie Zimmer?	hel ledejkum ghorfa?
Ich habe reserviert.	'aindi hadschaz.
Ich möchte ein Zimmer mit Bad.	uried ghorfa bi hämmäm
Hotel	funduq
Klimaanlage	dschihäz tekief al-hewä
Doppelzimmer	ghorfat li schachsien
Einzelzimmer	ghorfat li schachs wähid
Dusche	dusch
Toilette	tuwalet
Schlüssel	miftah
Frühstück	futur

Sightseeing

Haus	bejt
Kirche	keniesa
Moschee	dschäm'a
Museum	mathaf
Palast	qasr
Platz	midan
Strand	schati
Straße	schäri'a

Shopping

Ich möchte …	uried …
Haben Sie …?	hal 'aindake …?
Was kostet das?	bikem häze?
Ich zahle dafür …	bi edf'a …
Wo kann ich bezahlen?	ejne edf'a?
Einkaufen	jeschterie
Laden	mehel

Im Restaurant

Einen Tisch für eine/zwei Personen, bitte.	tawla li schachs wähid/ithnäjn.
Ich möchte …	uried …
Die Rechnung, bitte.	mumkin al-hisäb, min fadlika.
Bier	biera
Flasche	zudschädsche
Glas	kub
Kaffee	qahwa
ohne Zucker	säde
leicht gesüßt	mazbut
süß	sukker sejada
mit Milch	bi al-helib
Kuchen	kejk
(Mineral-)Wasser	mä

Minze	n'an'a
Restaurant	mat'am
Sandwich	sendwitsch
Tasse	findschän
Tee	schäj
Teller	tabaq
Tisch	tawla
Vorspeise	mäze
Wein	nebiz
Zucker	sukker

Auf der Speisekarte

Aprikosen	mischmisch
Aubergine	bazendschän
Avocado	abukadu
Baklava	beqläwe
Bananen	moz
Couscous	kuskus
Datteln	beleh
Dessert	helewijät
Ei	bayda
eingelegtes Gemüse	mekhellelät
Eiscreme	ajs kriem
Ente	batta
Erbsen	bäziela
Falafel	feläfel
Feigen	tin
Fisch	semek
Fisch mit Reis	semek saidia
Fleisch	lähm
Fleischbällchen	kufta
Fruchtsalat	salat fawake
Gebäck mit	konäfe
Nüssen & Sirup	
gebratener Fisch	semek maqlie
gefüllte Weinblätter	waraq meschie
gegrillter Fisch	semek meschwie
gemischte Grillplatte	luhum maschwija
Gemüse	chudar
geräucherter Fisch	semek medächen
grüner Salat	chass
Gurke	chiara
Huhn	dedschädsch
Hummus	hummus
Joghurt	leben
Karotten	dschezera
Kartoffeln	batatis
Käse	dschubn
Kekse	beskwiet
Kuchen	kejk
Lamm	lähm dänie
Lamm-Kebab	kebab
Linsen	'adas
Mandeln	loz
Melone	schemmäm
»Mutter Alis«	um'ali
(Pudding mit Rosinen)	
Nudeln	sch'arija
Obst	fawake
Oliven	zajtun
Pistazien	fustuq
Pommes frites	batata maqlija
Reis	aruz
Rind	lähm baqar
Roastbeef	rusbief
Shrimps	dschembarie
Steak	stejk
Suppe	schurba
Taube	hemäm
Thunfisch	tuna
Tintenfisch	hebar
Tomaten	tumatim
Torte	gatu
Wassermelone	betiech
Zitrone	lejmun

Zwiebel	basal
frittiert	maqlie
gebacken	machbuz
gefüllt	mehschie
gegrillt	meschwie
gekocht	mesluq
geräuchert	medächen
gewürzt	metabbel
roh	nej
saftig gebraten	mäwie muhemmer

Zahlen

0	sifr
1	wähid
2	ithnäjn
3	theläthe
4	arb'a
5	chamsa
6	sitta
7	seb'a
8	themänieje
9	tis'a
10	'aschara
11	ähed 'aschara
12	ithä 'aschara
13	theläthet 'aschara
14	arb'at 'aschara
15	chamsat 'aschara
16	sittat 'aschara
17	seb'at 'aschara
18	themänijat 'aschara
19	tis'at 'aschara
20	'aschrun
21	wähidwa 'aschrun
30	theläthun
40	arb'aun
50	chamsun
60	sittun
70	seb'aun
80	themänun
90	tis'aun
100	mia
1000	elf

Tage, Monate & Jahreszeiten

Sonntag	yaum al-ähäd
Montag	yaum al-ithäjn
Dienstag	yaum athulethä
Mittwoch	yaum al-arbia
Donnerstag	yaum al-chämies
Freitag	yaum al-dschum'a
Samstag	yaum as-sebt
Januar	janajir
Februar	febrajir
März	maris
April	abriel
Mai	maju
Juni	junju
Juli	julju
August	aghustus
September	siptember
Oktober	uktuber
November	nufember
Dezember	diesember
Frühling	ar-rabie'a
Sommer	as-saif
Herbst	al-charief
Winter	asch-schietä

Straßenverzeichnis Dubai (Auswahl)

Straßenverzeichnis Abu Dhabi (Auswahl)